Mírame, siénteme

Estrategias para la reparación del apego en niños mediante EMDR

Cristina Cortés Viniegra

Mírame, siénteme

Estrategias para la reparación del apego en niños mediante EMDR

8ª edición

Desclée De Brouwer

1ª edición: febrero 2017
2ª edición: abril 2017
3ª edición: octubre 2017
4ª edición: diciembre 2018
5ª edición: febrero 2020
6ª edición: abril 2021
7ª edición: marzo 2022
8ª edición: octubre 2023

© 2017, Cristina Cortés Viniegra

© 2017, Editorial Desclée De Brouwer, S.A.
Henao, 6 – 48009
www.edesclee.com
info@edesclee.com

 EditorialDesclee

 @EdDesclee

ISBN: 978-84-330-2898-3
Depósito Legal: BI-185-2017
Imprenta: Grafo, S.A. - Basauri

Impreso en España – Printed in Spain

Reservados todos los derechos. Queda totalmente prohibida la reproducción total o parcial de este libro por cualquier procedimiento electrónico o mecánico, incluyendo fotocopia, grabación magnética o cualquier sistema de almacenamiento o recuperación de información, sin permiso escrito de los editores.

A mis padres y a mis abuelos.

A mis hijos Oskia y Aitor.

A mi compañero Javier, sin cuyo apoyo y ayuda este libro no habría visto la luz.

A Jesús Javier Juanotena, que me ayudó a mirar con nuevos ojos.

Índice

Introducción 13

1. Primeras experiencias: entorno uterino 19
    1.1. Conociéndonos 20
    1.2. A qué está expuesto el bebé en el útero 24
    1.3. El movimiento: forma de comunicación y mucho más 27
        1.3.1. ¿Qué son los reflejos primitivos? 28
    1.4. El estar en estado es un estado 29
    1.5. El padre 31
    Ejercicio 33

2. El parto 35
    2.1. Eneko 36
    2.2. ¡Silencio! Se pare 39
    2.3. Tenemos un cerebro inmaduro que precisa cuidados 40
    2.4. La mejor compañera de viaje del bebé y la madre: la oxitocina 41
    2.5. Otros compañeros 44
    2.6. La oxitocina, la hormona del amor 45
        2.6.1. La oxitocina endógena y el parto 48
    2.7. La hora después del parto 49
    2.8. Cuando se corta el contacto 51
        2.8.1. Íñigo 52
    Ejercicio 53

3. El apego: el pegamento emocional ... 55

- 3.1. Se está construyendo una familia ... 56
- 3.2. Sobrevivir en un nuevo medio ... 59
- 3.3. El estrés del parto ... 60
- 3.4. La relación, imprescindible para sobrevivir ... 62
- 3.5. Creando las condiciones para el pegamento emocional ... 63
- Caso número I: Ana vive con culpa su embarazo por un trauma del pasado ... 68
- 3.6. El gran aliado del pegamento emocional: la lactancia ... 71
- Ejercicio ... 74

4. Más pegamento emocional: ¡más nunca es menos! 77

- 4.1. La casa iba cambiando ... 78
- 4.2. ¿Cómo se desarrolla la seguridad? ... 79
- 4.3. Ingredientes básicos para un apego seguro ... 80
- 4.4. Obstáculos al apego seguro ... 84
- Caso número II: Nerea no concilia el sueño ... 85
- 4.5. El feto en el último trimestre del embarazo es más sensible a las experiencias maternas ... 88
- 4.6. El primer año, clave para reducir los niveles de cortisol y de estrés ... 89
- 4.7. Apego: el impulso para la exploración ... 90
- Ejercicio ... 91

5. Tipos y consistencia del pegamento emocional (apego) ... 93

- 5.1. La danza regulatoria ... 94
- 5.2. La importancia de las relaciones ... 95
- 5.3. Asomándonos a la historia del apego ... 96
- 5.4. Tipos de pegamento emocional ... 100
- 5.5. Más allá del pegamento emocional, la biología ... 103
- Caso número III: Amaia no cumple las expectativas de sus padres 104
- Ejercicio ... 115

6. ¿Qué es necesario para conquistar la regulación?. 117
   6.1. Te veo, te percibo, te siento 118
   6.2. Lo que marca la diferencia en el apego................ 120
   6.3. Construyendo un yo, una identidad 122
   6.4. Lo que aporta el apego seguro: padres
        seguros-autónomos, niños seguros.................... 124
   6.5. Lo que no se alcanza con el apego evitativo:
        padres despectivos, niños evitativos distanciantes 126
   Caso número IV: Josetxo no puede ir al colegio 128
   Ejercicio... 136

7. Y si las figuras de apego atemorizan... 139
   7.1. Cuando no estás..................................... 140
   7.2. ¿Cómo me oriento y organizo si lo que vivo no es
        consistente? 142
   7.3. Si, además, las figuras de apego atemorizan:
        padres con apego no resuelto-desorganizado,
        niños desorientados-desorganizados................... 145
   7.4. La neurocepción de estos niños atemorizados 148
      7.4.1. ¿Como propiciamos calma en los otros? 151
      7.4.2. Cuando se activan los otros dos sistemas 152
   Caso número V: Carmina grita: "¡Puta, ponme el desayuno!".... 153
   Ejercicio... 168

8. ¿Cómo se desarrolla el niño abandonado?......... 171
   8.1. Explorando el mundo social 172
   8.2. La búsqueda de la sensación de control en el apego
        desorganizado 173
   8.3. Modelos de trabajo interno.......................... 177
   8.4. Además de la relación, los modelos de trabajo interno
        mantienen asimismo el modelo relacional............... 180
   Caso número VI: Iván, "No quiero quererte..., no me dejes,
        no me abandones" 183
Ejercicio 200

Referencias... 201

Consideraciones de la autora

A lo largo del libro usamos términos como madre, cuidador principal, figura de apego o figura de vínculo principal, sin ánimo de implicaciones sexistas. En todos los casos nos referimos a la persona principal responsable de los cuidados y atención del bebé. Teniendo en cuenta que durante el primer año el papel de la madre es fundamental.

Igualmente cuando utilizamos la expresión el bebé, el niño lo hacemos extensible a la bebé, la niña. Cuando el caso práctico tiene como protagonista una niña, utilizamos la bebé o la niña, haciéndolo extensible igualmente al bebé o niño.

Los casos expuestos son la suma representativa de casos clínicos que comparten historias similares y sintomatología parecida.

Introducción

Stephen W. Porges, PhD
Distinguished University Scientist Distinguido Científico Universitario
Indiana University Bloomington
(traducido por Javier Elcarte)

Como científico académico, siempre me complace comprobar cómo los terapeutas van integrando la *teoría polivagal* en su labor clínica. Tal es el caso de este atractivo libro, *Mírame, siénteme,* en el que Cristina Cortés incorpora aspectos de la *teoría polivagal* en un modelo de tratamiento integrado. En *Mírame, siénteme,* Cristina Cortés teje una cautivadora narración de cómo los niños y sus padres navegan a través de los cortes y rupturas en el desarrollo y el apego. Cristina, como terapeuta sensible e inteligente que es, se nutre de técnicas variadas (tales como, EMDR y *Neurofeedback*) y de enfoques teóricos distintos (tales como, la teoría del apego y la *teoría polivagal*) para guiar a sus clientes a través de desafíos explícitos y experiencias corporales implícitas, con resultados terapéuticos muy positivos. Dentro de su modelo de tratamiento, se basa en la *teoría polivagal* para entender las reacciones corporales y estados fisiológicos como una plataforma neurofisiológica a partir de la cual integrar sin problemas diferentes técnicas de intervención, conformando un modelo terapéutico eficaz.

Desde una perspectiva *polivagal* el título *Mírame, siénteme,* puede ser deconstruido para ilustrar dos características relevantes de la teoría: el sistema de compromiso social y la retroalimentación de nuestros órganos corporales que contribuyen a los sentimientos subjetivos manifestados en nuestros estados de ánimo y emociones. El sistema de compromiso social es una colección funcional de vías nerviosas que regulan los músculos estriados de la cara y la cabeza. El sistema de compromiso social proyecta sensaciones corporales (es decir, "siénteme") y es un portal para cambiar las sensaciones corporales a lo largo de un continuo que se extiende desde un estado de calma seguro que promueve la confianza y el amor hasta un estado de vulnerabilidad que provocaría reacciones defensivas. "Mírame" incluye un atributo importante del sistema de compromiso social, ya que el proceso de mirar a una persona es a la vez un acto de compromiso y proyecta el estado corporal del observador. Basándose en el estado corporal proyectado por el observador, la persona que está siendo 'mirada' sentirá que la persona que "le mira" es acogedora o indiferente. "Siénteme" incluye la reacción del cuerpo a la conducta de compromiso y la proyección de las sensaciones corporales en la conducta de compromiso.

Las palabras "Mírame, siénteme", que componen el título, proporcionan una metáfora de la comunicación bidireccional dinámica entre el estado corporal y los procesos emocionales durante una interacción social. Para que la interacción social propicie el apoyo mutuo y permita una co-regulación del estado fisiológico, las claves expresadas a partir de la diada de los sistemas de compromiso social necesitan comunicar seguridad y confianza mutuas. Cuando esto ocurre, los participantes activos, ya sean el niño y el padre o una pareja de adultos, ambos están a salvo, uno en brazos del otro. El proceso de la obtención del estado de una experiencia intersubjetiva compartida es metafóricamente como introducir el código en una cerradura de combinación; de repente los resortes encajan y la cerradura se abre.

La relación entre las conductas sociales de compromiso y los estados fisiológicos es un producto evolutivo de la transición de los reptiles primitivos extintos a los mamíferos. A medida que los mamíferos evolucionaron, las modificaciones en su neurofisiología les permitieron señalar y detectar los estados afectivos de los individuos dentro de su especie. Esta innovación les dotó de la capacidad para detectar si, en un momento dado, es o no seguro el acercamiento para hacer contacto físico, y para crear relaciones sociales. Alternativamente, si las señales del otro reflejan defensa o agresión, entonces el compromiso se dará por terminado inmediatamente sin conflictos o posibles lesiones.

A través de los procesos evolutivos, los nervios y estructuras que definen el sistema de compromiso social regulando la expresión facial, la ingestión, la escucha y la vocalización acabaron integrándose en una vía neural del sistema nervioso autónomo, que calma el corazón y regula a la baja las defensas. Los procesos evolutivos que fueron relacionando los estados fisiológicos con los circuitos que producen (por ejemplo, expresiones faciales y vocalizaciones) y detectan (por ejemplo, sonidos y sabores) características de la emoción son una característica típica de los mamíferos.

Funcionalmente, esta conexión integral entre el estado corporal y las expresiones vocales y faciales permitió a los congéneres generar compromisos con aquellos que expresan señales de seguridad; lucha o huida con aquellos que expresan señales de peligro y fingir estar muertos, pareciendo inanimados, cuando eran incapaces de luchar o de huir. Este sistema bidireccional que une los estados corporales con las expresiones faciales y las vocalizaciones proporcionó el portal de comunicación social que incluye los requisitos para la co-regulación y los mecanismos para calmar y reparar la co-regulación que sigue a la des-regulación.

Este sistema integrado incluye la regulación neural de los músculos de la cara y la cabeza, que a su vez son señales de que el otro es alguien a quien uno puede acercarse con seguridad. Incrustado en el sistema de compromiso social está nuestra búsqueda biológica de la seguridad y un imperativo biológico implícito para conectar y co-regular nuestro estado fisiológico con el otro. Cómo nos miramos el uno al otro es una característica fundamental de esta capacidad de conectarse, donde transmitimos señales sutiles de intención, de entendimiento y de sentimientos compartidos.

Estas señales, a menudo covariantes con la entonación o la prosodia de la vocalización, son también estados fisiológicos de comunicación. Solo cuando estamos en un estado fisiológico de calma podemos transmitir señales de seguridad al otro. Estas oportunidades de conexión y co-regulación determinan el éxito de las relaciones, ya sean relaciones madre-hijo, padre-hijo, u otro tipo de relaciones. El sistema de compromiso social no es solo una expresión del estado fisiológico del individuo, sino que puede actuar como un portal de detección de señales de socorro o de seguridad en el otro. Cuando se detecta seguridad, la fisiología se calma. Al detectar peligro, la fisiología se activa para la defensa.

Como estudiosos de la conducta humana, muchos de nosotros nos formamos en la teoría del aprendizaje. Aprendimos acerca de las variables que intervienen en el proceso de aprendizaje, variables que median la relación entre el estímulo y la respuesta. Dentro de la *teoría polivagal*, el estado fisiológico se considera como una variable interviniente poderosa que puede influir en cómo un estímulo constante o ataque ambiental se manifiesta en el comportamiento. Podemos conceptualizar esto como modelo "estímulo-organismo-respuesta" o modelo "S-O-R" en la que la "O" es el estado fisiológico.

Dentro de las diadas sociales, incluyendo los ejemplos descritos en *Mírame, siénteme,* nuestro estado fisiológico interviene en la detección de riesgo o seguridad por parte de nuestro sistema nervioso. A la inversa, la detección o la experiencia del riesgo y la seguridad cambian nuestro estado fisiológico. Contrariamente a la suposición de que la seguridad es producto de la eliminación de la amenaza, la *teoría polivagal* hace hincapié en el papel insustituible de las señales de seguridad en el reclutamiento de los circuitos neuronales del sistema de compromiso social. Cuando se activa el sistema de compromiso social, este inhibe de forma activa los circuitos neuronales asociados con la defensa, tales como la implicación del sistema nervioso simpático en las conductas de movilización de lucha y huida.

La interrelación bidireccional entre el estado fisiológico y la detección de riesgo reside en un proceso que la *teoría polivagal* define como neurocepción. Neurocepción no es percepción, ya que no requiere un conocimiento de los estímulos que desencadenan la respuesta. Curiosamente, a pesar de que, en general, no somos conscientes de los 'disparadores' de la neurocepción, solemos ser conscientes de nuestras reacciones fisiológicas que se manifiestan en forma de sentimientos. La neurocepción juega un papel importante en el desarrollo de relaciones seguras dentro de la familia y entre el cliente y el terapeuta. Funcionalmente, las señales que desencadenan una neurocepción de seguridad pueden cambiar el estado fisiológico lo suficiente como para producir calma y facilitar comportamientos de compromiso social espontáneo. Sin embargo, las señales que desencadenan una neurocepción de peligro o amenaza para la vida, o las señales asociadas con sentimientos de amenaza anteriores provocarán espontáneamente un cambio en el estado fisiológico, en el sentido de reforzar los comportamientos defensivos activos de lucha o huida, o pasivos de desconexión, colapso y disociación.

La *teoría polivagal* respeta el hecho de que nuestras respuestas psicológicas, físicas y conductuales dependen de nuestro estado fisiológico. La teoría enfatiza la comunicación bidireccional entre los órganos del cuerpo y el cerebro a través del nervio vago y otros nervios implicados en la regulación del sistema nervioso autónomo.

En *Mírame, siénteme* el lector obtiene una apreciación clínica de cómo esta bidireccionalidad permite al terapeuta respetar el impacto, tanto de las sensaciones corporales sobre los procesos psicológicos, como el de los procesos psicológicos en las sensaciones corporales. *Mírame, siénteme* es un viaje en un ámbito clínico íntimo en el que el lector descubre cómo un clínico experto entiende el manejo de las reacciones de defensa para facilitar la co-regulación y el buen resultado de la terapia.

1
Primeras experiencias: entorno uterino

La misma alma gobierna los dos cuerpos. Las cosas deseadas por la madre a menudo quedan grabadas en el niño que la madre lleva en su seno en el momento del deseo. Una voluntad, un supremo deseo, un temor o un dolor mental que la madre siente tiene más poder sobre el niño que sobre ella.

Cuadernos de Leonardo da Vinci

1.1. Conociéndonos

El pequeño feto que se abría a la vida aún tardaría mucho en identificarse a sí mismo. Sin embargo, ya le habían dotado de un nombre y un gran cúmulo de expectativas y emociones se entretejían en torno a él. Se llamaría Eneko y era un ser querido y deseado desde antes incluso de su concepción.

Eneko vivía en un espacio pequeño. El útero de su madre era el único hogar que conocía. Dentro, podía mover las manitas y los pies y, cuando le apetecía, abría los ojos. El útero era un lugar muy entretenido que tenía un montón de ruidos. No obstante, el sonido interno que dominaba el pequeño mundo de Eneko era un rítmico tic tac que percibía como propio y que le daba seguridad: el latido del corazón de su madre.

El menú era variado, aunque unas veces le gustaba más que otras. Día a día descubría cosas nuevas. Tocaba las paredes de su casa y poco a poco empezó a oír sonidos externos a su hábitat. Había uno que le entusiasmaba. Con el paso de las semanas empezó a reconocerlo, siempre era el mismo. Esa voz formaba parte de su entorno, era parte de él, se fusionaba con él. La voz podía mecerlo, relajarlo, o hacerle saltar como en una noria. Un día, aún lejano, Eneko descubrirá que esa voz es mamá y más tarde, llegará a comprender que esa voz no es solo mamá, sino su mamá.

Cuando la voz de Lidia le hablaba solo a él, nuestro protagonista experimentaba una tranquilidad infinita. Otras veces, esa voz tan querida se aceleraba, subía el tono y acompañaba el sonido con un tic tac mucho más rápido. Eso generaba en Eneko un ritmo más acelerado de su propio sistema. Por supuesto, el futuro bebé no podía identificar lo que le pasaba con ninguna emoción, para eso aún deberán pasar años. Lo que Eneko percibía era un estado de activación fisiológica que no era confortable y que no le gustaba nada. Le faltaba el aire y ya no se sentía seguro. Menos mal que esto pasaba pocas veces y que no tenía que acostumbrarse a ese estado porque en el que estaba se sentía muy bien.

Lidia estaba feliz con la vida que llevaba dentro. Los primeros meses se encontraba tan cansada que solo quería dormir y dormir. Era como si su cuerpo y su mente hubieran necesitado tiempo y descanso para asimilar y aceptar la nueva vida que se abría camino dentro de ella. Después de este primer estado de embriaguez, Lidia se acostumbró a estar embarazada y sentía a su hijo como una parte de ella misma. Su momento preferido del día era cuando los dos se quedaban solos y mientras acariciaba su tripita le cantaba canciones infantiles. Lidia sabía que eso a Eneko le gustaba mucho y se lo imaginaba flotando como un pequeño pez con el vaivén de las olas. Tras el sopor de los primeros meses empezó a sentirse plenamente enérgica y con un entusiasmo y una vitalidad desbordante arremetía a preparar y organizar cosas. Otros días se sentía mucho más sensible y se le escapaban lágrimas por las mejillas sin razón alguna. *"Bueno"*, pensaba *"son las hormonas"*.

Menos mal que el papá de Eneko estaba todo el día pendiente de ella y así ella podía estar pendiente de sí misma y de su futuro bebé. ¡Tenían tantos planes para cuando naciera el niño! Habían decidido cambiar de casa porque con la llegada de Eneko querían estrenar una nueva vida. Un día, cuando Eneko ya llevaba 6 meses viviendo en su mamá, Lidia se levantó con una energía imparable. Tenía que dejar todo listo para cuando naciera su hijo. Sentía que su vida iba a cambiar de tal modo, que ya nunca más le daría tiempo de hacer nada. Se habían trasladado hacía 15 días a su nuevo hogar y toda la casa estaba llena de cajas. La mamá de Eneko decidió que era el momento de poner todo en orden. Se levantó temprano y empezó a abrir cajas y a colocar cosas. Escalera para arriba, escalera para abajo.

Eneko salió de su estado habitual. No le gustaba nada lo que estaba pasando. Su mamá se movía sin parar y aunque no oía su voz sí notaba su respiración acelerada. Él mismo era partícipe de esa respiración agitada. No sabía cómo pedirle que parara, así que empezó a dar patadas y a moverse. Lidia sintió a Eneko y pensó: *"voy a descansar un poco"*. Se sentó y puso sus manos en su tripa. Poco a poco su respiración se fue regularizando y notó cómo Eneko dejaba de dar patadas. Cuando creyó que ya había descansado lo suficiente volvió a la tarea de las cajas. Eneko no se lo podía creer, *"¡otra vez lo mismo!"*, su mamá no había entendido que a él eso no le gustaba. No sabía a qué se estaba dedicando mamá. Él solo quería volver a la calma y el sosiego que antes había experimentado. Así que empezó a dar patadas de nuevo. Lidia se bajó de la escalera y se volvió a calmar. La reacción fue

Mírame, siénteme cristina cortés viniegra

inmediata y Eneko se tranquilizó de nuevo. Ella miró su barriga, miró las cajas, las arrinconó y se olvidó de ellas.

No era la primera vez que Lidia percibía esa interacción entre los dos; entre lo que ella vivía y la respuesta de Eneko. Esa interacción iría incrementándose conforme pasaran los meses.

En el séptimo mes de embarazo la vida de los dos cambió. Salvo las primeras semanas en las que se sentía físicamente agotada, Lidia había compaginado estupendamente bien su vida laboral y su embarazo. Su niño la llenaba de energía. La empresa donde trabajaba era pequeña y desde hacía un tiempo no estaba pasando un buen momento. Un día su jefe apareció con muy mala cara y anunció que la empresa había quebrado. Desde el momento en que Lidia recibió la noticia del despido se instaló en ella una preocupación flotante que no le permitía pensar en otra cosa. Hacía cuentas y más cuentas, y los números no parecían cuadrar con sus planes. Se habían cambiado de casa, tenían programadas una serie de reformas y desde luego no habían contado con su despido. La idea de no volver a encontrar trabajo nublaba también su mente. Estaba entrando en bucle, en una rumiación insana que la sumergía en un estado de agobio y sensaciones angustiantes que se retroalimentaban entre ellas. Tenía que ser capaz de romper ese bucle. Se daba cuenta de que no tenía ningún sentido obsesionarse y pensar ahora, precisamente ahora, cuando tenía otras cosas de las que ocuparse, en que todos esos sueños que había ido proyectando y de los que no había sido muy consciente sobre la vida que había ideado para Eneko, quizá no se cumplieran. Intentaba decirse a sí misma, *"pero vamos, deja ya de pensar en eso, ¿quién te garantizaba antes que se fueran a cumplir?"*. Lidia sabía que se estaba dejando arrastrar por sus miedos y pensamientos irracionales. Se llevaba la mano a la tripa con preocupación y tomaba conciencia de que había dejado de cantarle a su niño, y esto sí que le preocupaba de verdad.

Eneko percibió que algo andaba mal una fracción de segundo más tarde de que su madre recibiera la noticia. Primero fue la aceleración del ritmo del tic tac. Al principio creyó que pasaría como otras veces y que, al rato, todo se normalizaría. Pero esta vez no ocurrió. Percibió que algo había cambiado, Lidia se alejaba. La voz era la misma pero sonaba distinta y ya no le acogía y calmaba. Ya no había momentos de sosiego y tranquilidad. Ya no había caricias en la tripa ni canciones bonitas. Lo único que podía hacer Eneko era moverse y dar patadas en señal de protesta, llamar la atención de su madre de alguna manera; *"¡eh, que sigo aquí!, no te olvides de que mi entorno depende de ti"*.

Lidia notaba a su hijo moverse inquieto. Mientras más se enredaba en sus pensamientos, más intensas eran las patadas de Eneko. La respuesta de Eneko acrecentaba su malestar porque la hacía sentirse responsable, *"¿cómo era posible que nadie le hubiera avisado de esto?"*. Hasta entonces había sido fácil asumir esa interrelación con Eneko, todo fluía bien y no era tan costoso asumir que ese pequeño renacuajo fuera influenciado por sus emociones. Pero ahora las cosas no estaban sucediendo como esperaban, se sentía responsable por no estar disponible, por no estar pendiente de él. Debía lograr calmar su mente y no enmarañarse en esa cascada de preocupaciones que la asaltaban.

Aquella sensación de sosiego y calma parecía haberse perdido y a cambio, aparecía este nuevo estado de inquietud y preocupación que llegaba a través del torrente de las hormonas de su mamá. Su entorno iba sumergiéndose en este estado de desasosiego y él tendría que bucear en esas aguas.

El papá de Eneko también se encontraba un poco desorientado. No sabía cómo calmar a Lidia. Le repetía de todas las formas que se le ocurría que no pasaba nada grave, que no se preocupara, que aunque hubiera perdido el trabajo saldrían adelante. Pospondrían las obras programadas para la casa. De hecho, pensándolo bien, era una locura emprender esas obras cuando Eneko estaba a punto de desembarcar en su hogar.

Ahora lo importante era el proyecto común que tenían entre manos y ella debía dedicarse a descansar y prepararse para la inminente llegada de Eneko. Tenían que poner en práctica los recursos que conocían para pacificar su mente. Mikel animaba a Lidia a respirar profundamente imaginándose que, en cada inspiración, entraba en su cuerpo una ráfaga de aire diáfano y fresco que despejaba su mente y que, al expirar, las nubes grises se disipaban. Y cómo ese frescor llegaba hasta su útero y mecía y relajaba a Eneko.

Lidia permitió que estas palabras fueran impregnando su cuerpo. Comenzó de nuevo a acariciarse la barriga, a permitir que el aire que entraba en sus pulmones la fuera calmando. Respiró y respiró. *"¡Oh sí, eso le gustaba a Eneko!*, algo estaba cambiando". Lloró sosegadamente mientras sentía una manita que empujaba su vientre. Puso la suya suavemente encima y, mientras agarraba su tripita, le repetía a su niño: *"estoy aquí, estoy aquí mi vida"*. Poco a poco comenzó a tararear de nuevo las canciones preferidas de ambos. Día tras día empezó a recuperar su humor e ilusión. El tic tac volvió al ritmo que le gustaba a Eneko. Lidia supo que ambos se habían recuperado el uno al otro porque la respuesta de su niño volvía a ser tranquila y sin sobresaltos. La respiración pausada a la que intentaba volver una y otra vez Lidia les acompañaba a los dos, y si esta se agitaba, simplemente tenía que volver a empezar, sin censuras, sin críticas.

1.2. A qué está expuesto el bebé en el útero

Después de la convivencia en pareja, o en algún momento del ciclo vital de la mujer, aunque esta no tenga pareja aparece la idea de tener hijos. Por supuesto, fantasear con esta idea, no es suficiente para que se produzca la fecundación (Winnicott, 1996).

La concepción puede ser considerada como la materialización de esa fantasía o como un accidente. Lo normal es que ocurra ese accidente. ¿Por qué se puede considerar como un accidente? Porque causa sorpresa, disgusta, perturba. No deja de ser un hecho desastroso que se puede convertir en todo lo contrario, solo en circunstancias muy favorables, y esto se produce cuando los padres en algún momento se convencen de que es justamente el desastre que necesitaban, que su hijo es justamente el hijo que necesitaban (Winnicott, 1996).

Todos somos el producto de nuestra historia de desarrollo. De la historia de nuestros padres, de cómo se produjo y se integró ese accidente. Según Pampa Sarkar, obstetra británica, una de las etapas en la que resultamos más susceptibles a la influencia del ambiente es cuando nos desarrollamos en el útero.

La madre y su hijo forman un solo único durante la gestación, el parto y los primeros meses de vida del bebé. El desarrollo neuronal en el feto y en el bebé depende de esa dependencia absoluta y de la estimulación que recibe a través de los sentidos. Esta estimulación se lleva a cabo a través del vínculo insondable que une al feto y a su madre y que es necesario para el correcto desarrollo del niño. Los estados de la madre, tanto los físicos como los emocionales, influyen directamente en el futuro bebé. Así, por ejemplo, el feto aprende sobre movimiento y estimulación vestibular en el oleaje continuo del líquido amniótico, producido por el movimiento incesante o pausado de la madre, e igualmente, desarrollará la propiocepción conforme va creciendo y se va acoplando a la cavidad uterina de la madre, al estar en constante contacto táctil con ella. Durante la gestación el feto tiene sus primeras experiencias. Podemos considerar que el entorno empieza a existir desde que el feto está en el útero materno. Allí, ha estado expuesto a un entorno afectivo específico, concretamente a los estados emocionales de su madre biológica (Verny y Kelly, 1988, Verny y Weintraub, 2011).

Las emociones de la mujer que nos lleva en su seno participan en la formación de nuestras conexiones neuronales. Así, el bebé hereda no solo los genes de su madre sino también parte de su historia y su cultura (Cyrulnik, 2005).

Durante la gestación la madre comparte sus emociones con el bebé. Estas emociones son transmitidas mediante las hormonas de estrés (adrenalina y catecolaminas) y de la tranquilidad (endorfinas y oxitocina). Estas hormonas crean en el bebé estados fisiológicos correspondientes a los estados emocionales maternos. Si estos estados se repiten, crean predisposiciones de carácter que pasan a formar parte de los componentes innatos de activación (Siegel, 2007).

Por ejemplo, el estrés maternal durante la gestación conduce al incremento de las hormonas del estrés, como el cortisol, y a la posterior predisposición del niño al miedo y la irritabilidad (Clarke et al., 1996).

La ansiedad durante el embarazo puede precipitar una mayor predisposición, en los niños y adolescentes, a diferentes psicopatologías. El trastorno de déficit atencional e hiperactividad pueden estar relacionados con el inicio gestacional.

Mírame, siénteme cristina cortés viniegra

Diferentes investigaciones en neurociencia realizadas en la última década coinciden en que el estado emocional de la madre durante el embarazo tiene un efecto mayor a largo plazo sobre el niño que el estado emocional que pueda tener durante el año siguiente de su nacimiento.

Michel Odent, ginecólogo y obstetra francés, ha desarrollado el concepto de *sistema de adaptación primal* y lo define como la totalidad del conjunto compuesto por el cerebro primal (cerebro subcortical), el sistema inmunológico y el sistema endocrino. Esta salud primal se construye durante el periodo de estrecha dependencia de la madre, primero en el útero, luego durante el parto y después durante el periodo de lactancia. Todos los acontecimientos que tengan lugar durante este periodo de dependencia de la madre influyen sobre ese estado de salud de base llamada salud primal. Se considera salud primal a los niveles de equilibrio conseguidos por ese sistema al finalizar la primera infancia (Odent, 2007).

El desarrollo que tiene lugar en el período prenatal y los cinco primeros años de vida sientan las bases de la salud física y psicológica y cimentan las relaciones de apego (Shonkoff et al., 2012).

El bebé nace con un repertorio de conductas reflejas que tienen como finalidad producir respuestas en los padres: la succión, las sonrisas, el balbuceo, la necesidad de ser acunado y el llanto las podemos considerar estrategias del bebé para vincularse con sus cuidadores. Estas estrategias y conductas de apego surgen con la aparición de los mamíferos, ya que estos son dependientes de cuidados y alimentación para sobrevivir (Porges, 2011). Una gestación traumática puede, en ocasiones, comprometer este repertorio de conductas que persiguen el vínculo con el cuidador.

En resumen, el sistema nervioso del bebé durante la gestación está muy activo y vive una interacción constante. El futuro bebé no solo precisa cubrir sus necesidades vitales como comer y respirar, sino también sentir un entorno seguro y acogedor. Necesita sentir que es bien recibido. Esta seguridad es transmitida mediante los estados que vive la madre gestante. No es lo mismo recibir a un visitante inesperado que no es deseado, que recibir a alguien cuya llegada es bienvenida y anhelada. Al primero no lo vamos a acoger igual, ni nos vamos a preparar igual para su llegada. Y esto el recién nacido lo va a percibir incluso antes de dejar las maletas en el umbral de la casa y llamar al timbre. En la medida que la madre se sienta más apoyada y acompañada en la gestación, más fácil será vivir los nueve meses de embarazo. Por ejemplo, hay constancia de que la frecuencia cardíaca fetal aumenta de manera significativa cuando la madre está experimentando estrés y tarda en volver a regularse (Wadhwa, 1998).

Es en el útero de su madre donde el bebé está expuesto al primer entorno y primeras experiencias uterinas y en ellas comienza el aprendizaje y a generar las primeras conexiones neuronales, fundamentalmente en el tronco encefálico. Diferentes investigaciones indican que la hormona del cortisol es capaz de atravesar la placenta y afectar al feto en desarrollo (Yehuda, 2000).

1.3. El movimiento: forma de comunicación y mucho más

El movimiento forma parte del bebé desde el inicio de la gestación. Esta se produce gracias a la movilidad de los espermatozoides en busca del óvulo. Posteriormente el feto se moverá más o menos agitadamente a lo largo de los nueve meses. En su movimiento se asemejará a un delfín, no olvidemos que el feto se encuentra en un medio líquido.

Es decir, desde antes de su nacimiento, la actitud del futuro bebé es activa. En los dos últimos meses del embarazo sus movimientos serán más complicados: el bebé se irá colocando con la cabeza apoyada en la parte baja del útero para acabar encajonándose en la pelvis con el cuello y el cuerpo flexionados. Al final de su gestación efectuará los movimientos reflejos involuntarios que le permitirán conquistar el exterior. El bebé participa activamente en el parto. Una vez nacido pondrá en marcha los sistemas que ha estado preparando durante los nueve meses de gestación. Nace con unos reflejos primitivos muy bien organizados, imprescindibles para participar en su nacimiento, sobrevivir y aprender (Blomberg, 2012).

El desarrollo del feto se realiza en un medio líquido: el útero materno. Dentro del útero, el feto comenzará a recibir los primeros estímulos: los estímulos vestibulares a través del vaivén de la placenta; los táctiles, con el roce de las paredes del útero; y los auditivos, tanto los sonidos filtrados del exterior como los sonidos internos del organismo de su madre. El feto responderá a todos estos estímulos por medio del movimiento, se expresará a través de él. Irá cambiando de posición antes de colocarse definitivamente en el canal del parto, empujará y presionará el vientre materno, se chupará los deditos, responderá al sabor de los alimentos que le llegan a través del cordón umbilical. Todas sus respuestas serán fundamentalmente a través de movimientos. Movimientos incipientes y con poco control que estarán regidos y fomentados por los reflejos primitivos que le ayudarán a adaptarse a su medio.

El movimiento también será el modo de comunicación que emplee el futuro bebé para expresar su agrado o desagrado. Así, si la madre se da un susto, el feto puede responder dando una patada en señal de que él también se ha asustado. Del mismo modo, si la madre sufre ataques de ansiedad prolongados su hijo se moverá constantemente y dará patadas continuadas para expresar su incomodidad, o se aturdirá y quedará congelado.

En este primer entorno ya se produce aprendizaje. Diferentes estudios han evidenciado las preferencias de los bebés recién nacidos, o de pocos meses, por sabores a los que han estado expuestos en el útero a través de los alimentos que tomaba la madre. También muestran los bebés preferencias por sonidos o melodías musicales escuchadas durante la gestación.

La actividad cerebral del feto sigue siendo un enigma. Gracias al avance de las nuevas tecnologías se han podido grabar los movimientos de fetos en el útero materno. Se ha descubierto que alrededor del séptimo mes de su evolución desarrollan los movimientos oculares rápidos.

Como terapeuta de EMDR esto me resulta altamente interesante puesto que los movimientos REM se relacionan con los procesos de integración de la información. Ambos tipos de sueño el REM y el no REM parecen mediar en el aprendizaje y la memoria.

1.3.1. ¿Qué son los reflejos primitivos?

El bebé, durante los nueve meses que está en gestación y en el siguiente año de su vida, cuenta con los reflejos primitivos para sobrevivir.

Los reflejos primitivos son los movimientos involuntarios, regidos desde el tronco encefálico, con los que viene dotado un bebé. Se desarrollan durante la etapa fetal y el primer año de vida para facilitar su adaptación. Las conductas de apego están mediadas por ellos también. Dejan de estar activos entre los dos años y medio y los tres, dando paso a los movimientos voluntarios, regidos por los ganglios basales. Durante los primeros meses de vida, el bebé desarrolla un patrón de movimientos específicos de forma espontánea que sustituirán y harán que desaparezcan los reflejos primitivos (Blomberg, 2012).

1.4. El estar en estado es un estado

Si vamos por una carretera que no conocemos, estaremos atentos a las señales. Si nos indican que a cierta distancia hay un cruce peligroso, reduciremos la velocidad, pararemos, miraremos que no viene nadie y pondremos de nuevo el coche en marcha.

Esto que parece tan obvio es algo que muchas veces descuidamos con las señales que nos envía nuestro propio cuerpo.

El estar en estado es un estado en sí mismo. La palabra normal no tiene cabida en una ecuación tan particular donde intentan cuadrar dos. Cada persona es un mundo y cada embarazo, un mundo aún más grande y distinto todavía.

El embarazo trae un cúmulo de sensaciones y estados nuevos. Algunos son más agradables que otros pero todos están ahí y nada ocurre por casualidad.

Expresiones como "no sé qué me pasa", "estoy tan cansada que solo quiero dormir"; deberían interpretarse como lo que son: estás cansada, descansa; quieres dormir, duerme.

Cuando el cuerpo se queja, no solemos atenderlo, no le hacemos caso y esperamos que el malestar se pase por sí solo. Así, seguramente, la próxima vez que se queje lo haga con más intensidad.

Hay que poder vivir y estar en el estado en el que se está. Cuanto antes se acepte y comprenda que hay una vida formándose en ese útero, antes y mejor se interpretarán y comprenderán las señales. Cuanto antes se dé cuenta y acepte la madre que estar embarazada es un nuevo estado, su estado actual, y de que este estado conlleva que ambos son uno, o dos en uno, o uno que terminarán siendo dos, antes podrá percibir que existe un canal de comunicación entre su hijo y ella que se retroalimenta en cada bit de comunicación, segundo a segundo. A lo largo de estos meses de gestación, el cuerpo irá expresando y demandando necesidades especiales, diferentes a las que la madre haya podido experimentar antes de ahora.

En la consulta nos podemos encontrar con mujeres gestantes que llegan con el objetivo de prepararse para la gestación y el futuro parto. Algunas de ellas habían percibido o intuido ese baile que se producía entre los estados emocionales de la madre y el feto. Esto les generaba una gran perturbación. Saber que se puede influir tanto en el hijo que llevas dentro puede llegar a abrumar. Surge entonces la necesidad de prepararse para ello. Lo más importante es ayudar a estas madres a cobrar o recobrar la confianza en ellas mismas, en sus cuerpos, y si hay situaciones del pasado que les pueden hacer difícil acomodarse a su nuevo estado, ayudarles a integrarlas.

El bebé no nacido nos hará partícipes de la música que le gusta, de si está tranquilo o no, de qué cosas le calman y cuáles le alteran. Aunque a veces no se dé cuenta, la madre será una central de información constante para su hijo.

Darse cuenta de las emociones que surgen al conectar con la vida que se lleva dentro puede llegar a ser una de las experiencias más maravillosas y/o perturbadoras a las que tenga que enfrentarse una madre.

A veces, se puede olvidar que el bebé ya existe y se pasa directamente a pensar en el futuro. A esperar su nacimiento como el acontecimiento más grande o temeroso sin tener en cuenta que el feto en la placenta tiene también muchas necesidades. Las necesidades uterinas o del futuro niño no tienen nada que ver con lo que solemos entender por preparativos para el post parto. El futuro bebé no va a disfrutar de una habitación completamente amueblada, o de un armario lleno de ropita para bebé. El mundo que espera encontrar es el mismo que tenía dentro de su madre: olores conocidos, sonidos familiares, calor y contacto, mucho contacto y solo desea continuar en el cuerpo de su madre.

Nos podemos obsesionar, agotar con querer dejar todo listo para el gran momento como si la llegada del bebé marcara el final del mundo hasta entonces conocido. Hacemos reformas en casa, intentamos dejar todo arreglado en el trabajo o vamos de compras intentando sosegar la sensación de que falta algo. Sometemos a nuestro cuerpo y al de nuestro futuro bebé a un stress que nada tiene que ver con las necesidades de un mamífero, que requiere del calor, del olor y de la protección de la camada para sentirse seguro.

Lo mejor que puede hacer una madre gestante para preparar el entorno del futuro bebé es entender que el bebé ya tiene un primer entorno físico y emocional que es el útero materno, y que es primordial cuidarse, tanto física como emocionalmente. "Es importante la mujer embarazada, pues de lo que coma se nutrirá el feto: si recibe tóxicos, el bebé también, y eso tendrá su repercusión en el cerebro" (Aizpiri, 2015). La madre alimenta el feto que lleva dentro tanto física como psicológicamente.

1.5. El padre

El papel del padre es importante también en este darse cuenta. Es importante que el papá pueda estar atento a las necesidades de la madre para que esta pueda estar atenta a sus propias necesidades y se permita cubrirlas. Aunque la vinculación del padre con el bebé sea más difícil durante la etapa del embarazo, esta no es imposible. Si le habla a su hijo y acaricia la tripa de la mamá con frecuencia, el futuro bebé también percibirá su contacto y presencia. Todo esto ya está generando un estado en la mamá gestante porque está sintiéndose acompañada y cuidada. Es importante que el padre pueda contener a la madre para que esta pueda contener su gestación y más tarde al bebé.

Podemos pensar que es durante el embarazo cuando comienza a gestarse ese vínculo entre la madre y el hijo que lleva dentro. Pero también puede ser que este vínculo no se dé. No siempre la gestación es deseada. Otras veces no se es consciente del embarazo hasta el tercer trimestre. Bien porque estaban demasiado desconectadas de su cuerpo o bien porque había un rechazo implícito de la gestación o un miedo intenso a ese estado, algunas mujeres no llegan a percibir que están embarazadas hasta el último trimestre. En estos casos la experiencia emocional que se vive es muy diferente a la experiencia de cuando ese "accidente normal" de la fecundación es buscado y deseado.

Y si pensamos en los niños adoptados, es de suponer que muchas de las gestaciones han sido vividas por sus madres biológicas con una gran ansiedad y sentimientos ambivalentes de rechazo o de miedo. Ese embarazo les podía suponer una amenaza física, social, económica, etc. Son resultado de experiencias muy diferentes. De decisiones tomadas desde historias muy distintas y desde sociedades y momentos históricos y socioeconómicos muy variados. Nadie debería arrogarse el derecho de juzgar estas decisiones.

Por otra parte, a veces un niño puede ser muy deseado pero numerosos obstáculos físicos o emocionales impiden el embarazo y se recurre a la fecundación asistida. En estos casos, la experiencia será distinta debido al enorme estrés emocional y hormonal al que se ve sometida la madre, la pareja y el sistema familiar para lograrlo. Los padres pasan por toda una larga y, muchas veces, frustrante odisea antes de lograrlo. No es lo mismo partir de una concepción que se ha dado con facilidad a una, producto de un enorme esfuerzo.

Si consideramos toda gestación como un "accidente", como decía Winnicott, no es lo mismo que el accidente haya sido buscado y deseado, o lo contrario. En el primer caso, el niño tiene la oportunidad de ser esperado, aceptado y querido desde el inicio. El bebé nacerá con una experiencia de aceptación y de ser amado mucho mayor que si esto no se ha dado. Contará con una percepción de seguridad desde su inicio más temprano a la hora de enfrentarse a su nueva vida, no a modo de emoción sino en forma neurofisiológica.

En un embarazo se pasa por muchas etapas. Los diferentes estados maternos influyen en el bebé en la medida en que lo sacan de su inmovilismo y este debe buscar respuestas distintas.

La gestante no debe abrumarse pensando que cualquier pensamiento negativo o emoción estresante que perciba puede alterar el desarrollo de su futuro hijo, y que esto pueda afectar a la relación entre ambos. Las emociones negativas o los hechos que producen tensión no afectan adversamente al vínculo intrauterino si son ocasionales. Son los estados prolongados los que dejan una huella en el feto. Lo que el feto no podrá asimilar es una agresión continúa de las hormonas de la ansiedad.

A no ser que se viva una amenaza o un gran estrés, biológicamente como mamíferos estamos preparados para que surja el vínculo con la madre espontáneamente.

Ejercicio

- Os propongo un pequeño ejercicio de contacto emocional referente a lo que hemos estado tratando en este capítulo.
- Si puedes dedicarte unos minutos, lee las siguientes preguntas y cierra el libro. Conecta con tu respiración e intenta dar una respuesta a esas preguntas.
- Si eres madre: ¿recuerdas cómo fue la gestación? ¿Puedes recordar haber sentido a tu hijo? ¿Qué emociones se generaron cuando lo sentías? ¿Qué emociones y sensaciones surgen al evocarlo ahora?
- Si has sido padre: ¿cómo recuerdas la gestación de tu hijo? ¿Fuiste partícipe de ella? ¿Qué genera evocar esos recuerdos?
- Si deseas ser madre o padre: ¿cómo te imaginas la etapa de la gestación? ¿Qué emociones y sensaciones generan dentro de ti? ¿Qué estados te gustaría poder transmitir al feto, tu futuro bebé?

2
El parto

La oxitocina actúa para facilitar los altos niveles de sensibilidad social y humana necesarios para la sintonización social y para criar a un niño humano.

Sue Carter

2.1. Eneko

Era la tercera vez que Lidia volvía a revisar el bolso que se llevaría al hospital. A la hora de prepararlo se había acordado de esa fotografía con Mikel en el jardín de su casa, y también de esa caja pequeñita que le conectaba con Eneko. Era un intento de transportar al hospital ese ambiente seguro que sentía en su hogar, cosa nada fácil de conseguir. Estaba ya tan gorda que se movía con dificultad, y dormía todavía peor. Sabía que la hora estaba cerca y sentía una impaciencia infinita y un ligero estremecimiento al pensar que pronto saldría Eneko de su vientre. Eso suponía que se iba a convertir en madre. Entonces sentía un ligero temor. "¡Madre!". ¡Qué palabra más intensa y llena de tantas y tantas connotaciones y ambivalencias! Para mantener el equilibrio se sostenía el vientre con las manos, en un intento de parar el tiempo. Entre sus pensamientos se cruzaba el interrogante: *"¿si pudiera seguir con este bombo eternamente sin enfrentar ese momento?"*. Ese momento era el parto, tras el cual era consciente de que su vida iba a cambiar.

A lo largo de estos meses la lectura de libros de gestación y crianza, el curso de parto y su curiosidad e indagaciones le habían llevado a tomar conciencia de lo importante que eran estos 266 días y el alumbramiento final. En realidad le habían permitido vislumbrar con claridad lo que ya sabía. Ella, su mundo, sus vivencias constituían el primer entorno y las primeras experiencias de su hijo. Y el parto era ese momento primordial de cambio de medio. Así que junto con su pareja habían redactado un plan de parto donde deseaban que, a no ser que hubiera complicaciones, se respetara el ritmo de la madre y de Eneko. Sí, de Eneko, porque él era el que iba a decir el momento en el que estaba preparado para nacer. Y que fuera todo lo más natural posible. Curioso que para algo tan natural como procrearse, parir y nacer tuviera que usar ese término, parto natural.

Sí, ella quería que su parto fuera como el de cualquier mamífero, le gustaba esa idea de mamiferizar el parto (Odent, 2009).

Resonaban tantas versiones de partos en su cabeza, de sus amigas, de su madre, de sus hermanas. Pensar en las contracciones le inquietaba. Por otro lado, era joven y fuerte y sabía que iba a poder con ello. Se decía a sí misma;

el parto

"*bueno vamos a dejar que mi cuerpo hable*". Estaba aburrida de tanta información. Deseaba que fuera algo íntimo. Quería que en la función actuaran solo Eneko y ella. Aunque sabía que iba a haber más actores en torno al nacimiento de su hijo.

No había dormido muy bien esa noche y por la mañana, cuando se levantó, notó una sensación desconocida, pero esperada, que le anunció que sería hoy. Cuando llegaron al hospital estaban tranquilos. Las contracciones estaban siendo espaciadas y, de momento, las toleraba bien.

La pareja fue instalada en una habitación e intentaban mantenerse relajados. Pusieron sobre la mesilla la fotografía y la cajita. No cabía duda de que este era una de los acontecimientos más importantes de su vida en común.

El padre de Eneko miraba a Lidia transmitiéndole que estaba con ella. A Lidia esto la reconfortaba y le daba fuerzas. Las contracciones cada vez eran más intensas. Ambos sabían que un hospital no era el lugar más indicado para hallar tranquilidad, paz y sosiego. Intentaba mantenerse tranquila recostada en la cama. Respirar conectando con su cuerpo la calmaba y el apoyo de su pareja la tranquilizaba. Los dos respiraban, Mikel y Lidia respiraban e intentaban mantener su atención en una respiración tras otra. "*Gracias*", dijo Lidia a Mikel, "*por respirar con nosotros*".

Intermitentemente las enfermeras pasaban para ver qué tal se encontraba. Las contracciones eran cada vez más continuas y, aunque no lo quisiera reconocer, más dolorosas. Cada vez que le venía una se le resentía una vieja lesión lumbar que no había previsto que fuera a molestar. Pero claro, "¿qué estaba previsto?". No tenía una respuesta muy clara a esa pregunta. Por mucho que hubiera leído, ahora ahí estaba ella, ante su parto. No había manual.

No le resultaba fácil mantenerse serena. Esperaba la llegada de la siguiente contracción mientras con suavidad las lágrimas resbalaban por sus mejillas. Agarraba con fuerza la mano de su pareja. La cara del papá de Eneko había perdido su sonrisa y ahora se mostraba preocupada. Nada era como lo había imaginado. No se podía derrumbar. Percibía lo importante que era para Lidia notar su apoyo, hacerla sentir que no estaba sola. Esta comunicación sin palabras fortalecía a Lidia.

Mírame, siénteme cristina cortés viniegra

Una enfermera se acercó y le habló, pero los pensamientos de Lidia eran confusos. "¿Perdona?". ¿Qué le estaban preguntando? ¿Quién era esa señora? ¿Dónde estaba? Se sentía desorientada y no quería contestar a nada. Solo concentrarse en que su hijo iba a venir. Pero con tanta interrupción, tanto control y tanto registro, esto no resultaba fácil.

"¡Ah, era su comadrona!". La sentía junto a ella y eso era suficiente.

Entre lágrimas, Lidia mantuvo las fuerzas. Un oleaje de energía la invadía, prácticamente estaba erguida. Se dejó ceder al movimiento reflejo que provenía de su interior. Cedió. Solo contaba ese instante, ese momento. Era una con su cuerpo, con su energía. Lidia dejó de sentir el dolor. Entre lágrimas, primero lágrimas de incertidumbre, luego de alegría, llegó Eneko.

Era un bebé precioso. Allí estaba con sus ojos tremendamente abiertos, expectante ante su nueva situación. Su madre no podía desengancharse de los ojos de su hijo. Lloró en señal de protesta porque ya no sentía agua a su alrededor y necesitaba abrir sus pulmones para recibir el aire de su nuevo entorno. Por un momento, se encontró perdido. El llanto fue apagándose en cuanto lo pusieron sobre el vientre de su madre. Entonces se calmó porque se sintió en casa. Eneko nadaba sobre su madre, se arrastraba en busca del pezón mamario. Así lentamente, sin prisa, se produjo el enganche espontáneo de ese recién nacido al pecho. Sin intromisión, simplemente dando tiempo al bebé para que reptara hasta la aureola del pezón de la madre.

Ese olor, ese tacto, esa voz que repetía "*mi amor*", "*mi amor*", como tantas veces lo había oído antes. Eran viejos conocidos. Reconocía esos latidos que habían marcado su tiempo durante nueve meses. Lidia no dejaba de mirar a los ojos de su hijo. Le parecía increíble que Eneko "estuviera", por fin, en sus ojos. Por todos lados había ruido y movimiento, pero ella era capaz de inhibirse del alboroto de su alrededor. Allí estaban Eneko y ella. Solo era consciente de que ella abrazaba a Eneko y de que el papá de Eneko los abrazaba a los dos.

Los tres se hubieran quedado así durante siglos desafiando al tiempo. Una enfermera se acercó con ademán de coger al bebé y bañarlo, pero la matrona la detuvo. "*Déjalos*", "*para bañar al bebé hay tiempo pero esta primera hora solo pasará una vez en la vida*".

2.2. ¡Silencio! Se pare

Parir es uno de los actos más íntimos que llevan a cabo todos los mamíferos, incluidos los humanos. Cualquier hembra mamífera se retira y busca un sitio tranquilo y apacible para parir. Un lugar seguro que le permita relajarse para dejarse llevar por el torrente hormonal que se produce. Requiere de un entorno apacible, relajado, luz tenue, silencioso, compañía no invasiva. En definitiva, un ambiente que propicie seguridad y calma (Odent, 2009).

El momento del parto es el punto culminante, el final de un proceso de 40 semanas donde los protagonistas únicos han sido la madre y el feto. Es en este momento cuando la madre, que parece estar en otra realidad inducida por las hormonas, en especial la oxitocina, empieza a descubrir a su hijo. Es un estado íntimo, único, de resonancia corporal que, desgraciadamente, se suele interrumpir bruscamente.

Desde el momento en que se interioriza culturalmente que la mujer es incapaz de parir por sí misma, el nacimiento se hospitaliza, se mecaniza y la mujer es relegada a un rol pasivo donde va a primar el funcionamiento del sistema sanitario antes que las necesidades de la mujer. La misma palabra obstetricia deriva del latín *ob stare* que quiere decir "estar parado" (Odent, 2005).

El parto se pone en marcha cuando el feto está maduro para ello. A lo largo de los últimos meses se habrá ido colocando y encajando en el cuello del útero para propiciar el descenso por el canal del parto. El feto desciende porque ya no tiene espacio y necesita sobrevivir. Sus reflejos primitivos le ayudan a descender y a colocarse mediante los reflejos tónico simétrico y asimétrico, entre otros, y los movimientos propiciados por las contracciones inducidos por la oxitocina. El nacimiento es la primera gran aventura, una de las primeras experiencias de ese feto que va a pasar a ser un bebé a partir de entonces; un bebé que deja el medio líquido para desenvolverse en el medio aéreo.

2.3. Tenemos un cerebro inmaduro que precisa cuidados

Los bebés humanos nacen mucho más inmaduros que el resto de los mamíferos. Esto es debido a la conquista de la posición erguida a lo largo de la evolución que implica el estrechamiento de la cadera para poder mantener el equilibrio y obliga a nacer con un cráneo pequeño. Por lo tanto, el cerebro de un bebé será tremendamente inmaduro (Odent, 2009). Y esa cría humana será extraordinariamente dependiente y desprotegida. Los cuidados y la atención que reciban van a ser determinantes. Parece ser que a lo largo de la evolución epigenética, las vías que incluyen el neuropéptido de la oxitocina, el péptido de la vasopresina y sus receptores están íntimamente relacionados e involucrados en los sistemas fisiológicos y genéticos que han permitido la evolución del sistema nervioso humano y la expresión de la sociabilidad contemporánea humana. La oxitocina parece promover acciones únicas como la facilitación del nacimiento, la lactancia, la conducta maternal, la regulación genética del crecimiento de la corteza cerebral, y el mantenimiento del suministro de sangre en la corteza. Y todas ellas han sido determinantes y claves para la encefalización, para el desarrollo del encéfalo humano (Carter, 2014).

Nuestra evolución nos ha llevado a la liberación de las manos y eso implica conquistar la posición erguida, el estrechamiento de las caderas, y el nacimiento de bebés con cerebros inmaduros que van a necesitar un largo periodo de acompañamiento para que su cerebro se vaya desarrollando y se puedan independizar. Lo cual nos hace terriblemente vulnerables a la cantidad y a la calidad de los primeros cuidados. Por lo tanto, la biología debía encontrar de algún modo la forma de proveer, de garantizar que se propicien esos cuidados satisfactoriamente. Y es aquí donde, al parecer, la oxitocina juega un papel fundamental, promoviendo las conductas maternales y paternales y facilitando los apoyos necesarios del grupo mediante la sociabilización.

El clima de bienvenida y la disponibilidad de los cuidadores van a garantizar el desarrollo físico, emocional y social del recién nacido.

Muchas veces resulta fácil olvidarnos de ese desarrollo afectivo emocional. Las revisiones pediátricas van a garantizar que el desarrollo físico, el peso o el aumento del perímetro craneal, se produzcan adecuadamente. Sin embargo, en pocas ocasiones se tiene en cuenta si la vinculación madre hijo se está produciendo correctamente.

Los sistemas sanitarios son muy necesarios y saben atender cuando surge algún problema físico, cuando algo va mal. Pero aun así, no suelen ser especialistas en los vínculos interrelacionales y la intimidad. Estos son vitales para la madre y el bebé. Ninguno de los dos miembros de ese binomio precisa consejos sobre cómo se tiene que producir esa relación. En la medida que se garantice un ambiente con unas condiciones libres de estrés, un ambiente en el que la madre se pueda sentir segura y aumente la confianza en sí misma se podrá expresar ese saber hacer (Winnicott, 1968). Se podrá expresar la biología. De esa forma, la vinculación y el apego podrán producirse de la manera más adecuada y ese apego será el gran aliado y motor del desarrollo del niño.

El amor no es tan solo una emoción; se trata de un proceso biológico dinámico y bidireccional que abarca diferentes dimensiones y que requiere de una retroalimentación constante a través de los sistemas sensoriales y cognitivos; el cuerpo busca el contacto, el amor y responde constantemente a la interacción con los seres queridos o a la falta de esas interacciones (Carter y Porges, 2013).

No está de más admirar la comprensión intuitiva de la madre que le facilita y permite cuidar de su niño, sin que nadie le haya enseñado. La riqueza de esa sabiduría se debe a que es espontánea y natural y no ha sido alterada por el aprendizaje (Winnicott, 1968b). Responde a una conducta ascendente, instintiva, corporal, biológica, en lugar de una acción descendente mediada por el razonamiento, y debajo de ella hay todo un cóctel hormonal.

2.4. La mejor compañera de viaje del bebé y la madre: la oxitocina

La oxitocina es un neuropéptido. Los neuropéptidos son pequeñas moléculas parecidas a las proteínas. Se diferencian de las proteínas por su longitud y porque pueden funcionar como neurotransmisores. Son una especie de mensajeros que viajan por el cuerpo y que generan estados emocionales o propician emociones.

La oxitocina se sintetiza en células especializadas del hipotálamo y funciona como neurotransmisor, como neuromodulador, y como hormona periférica. Dentro del cerebro, la oxitocina es liberada en los axones conectados directa e indirectamente a varias regiones del cerebro. Algunas de esas regiones son importantes para el funcionamiento social; como la amígdala, la corteza cingulada anterior, la ínsula y el cuerpo estriado (MacDonald y MacDonald, 2010). La oxitocina es una hormona característica de los mamíferos que facilita y promueve muchas de sus conductas relacionales. Se mueve por todo el cerebro y por todo el cuerpo (Stoop, 2012).

Si la oxitocina tiene la posibilidad de actuar en el parto va a facilitar el alumbramiento y se cumplirá el deseo de toda mujer: que el parto sea una hora corta.

Como en todo neuropéptido, se produce una interacción entre un estado o necesidad que propicia la liberación de una hormona y la hormona que facilita una emoción o conductas determinadas.

Hay una comunicación química constante entre nuestras emociones y nuestro organismo. Nuestras células provocan emociones y nuestras emociones provocan cambios a nivel celular (Candace Pert, 1999). Y todo esto se vive en el cuerpo y se experimenta en forma de sensaciones y emociones.

¿Por qué decimos concretamente, "si tiene la oportunidad de estar presente y actuar en el parto"? Porque la oxitocina solo es liberada en un entorno de calma y desaparece con mucha facilidad si este estado de seguridad se pierde o desciende bruscamente. Entonces es inhibida por la adrenalina, la hormona que liberamos los mamíferos en situaciones de alarma cuando nos sentimos en peligro. La oxitocina a lo largo del parto solo va a ser liberada si la mujer se siente segura, tranquila. Es comprensible que si se corre peligro en el parto, este se detenga, para que la madre y el futuro bebé puedan sobrevivir. Igualmente, dejamos de producirla si se pone en marcha nuestro neocórtex, el cerebro pensante. Es necesario un estado de reposo del neocórtex, una calma mental para que se pongan en funcionamiento las estructuras del cerebro mamífero y se libere la oxitocina (Odent, 2009).

Qué difícil resulta pensar que el neocórtex, encargado de planificar y pensar, o el cerebro reptiliano, encargado de detectar y procesar el peligro, estén en reposo, cuando el entorno de la parturienta no lo está, debido a ruido constante, luz cegadora, exceso de público e información incesante (Odent, 2009). Intentar relajarse en un trajín de entradas y salidas en una habitación hospitalaria y controles de registro es arduo difícil.

A lo largo del embarazo, van a ir incrementándose el número de receptores de oxitocina en el útero y las mamas. La preparación a lo largo de las semanas gestacionales parece estar ligada a la preparación del cuerpo de la gestante para la liberación y captación de la oxitocina en el parto y la lactancia. Es decir, el cuerpo se prepara para contar con el aliado endógeno para parir y amamantar. Es lógico pensar que el desarrollo biológico que ha favorecido la evolución es el más idóneo para que se produzca el nacimiento, ya que el objetivo primero de la evolución como especie es garantizar la supervivencia de la misma a través de su reproducción exitosa.

La oxitocina juega un papel crucial en todos los mamíferos, ya que es necesaria para la contracción del útero, lo que facilita el nacimiento del bebé y la expulsión de la placenta. La placenta es expulsada durante el pico máximo de oxitocina, que se produce justo después del parto. Favorece que el sangrado sea mínimo y viene acompañado de niveles elevados de morfina y prolactina endógenas, que tienen efectos analgésicos. Como consecuencia, la experiencia del parto puede llegar a ser similar a la experiencia de un orgasmo si las condiciones externas son las favorables para que los recursos del organismo humano de la mujer favorezcan el alumbramiento. Estas hormonas permanecen en los sistemas biológicos de la madre y del bebé justo después del nacimiento. Propician así un equilibrio hormonal en ambos irrepetible y cuya duración es breve. Este estado hormonal favorece la vinculación y el contacto entre ambos. La oleada de oxitocina durante el parto ayuda a regular la sincronización de las neuronas del hipocampo fetal, posiblemente para facilitar la transición de la vida prenatal a la vida postnatal (Crepel et al., 2007).

La oxitocina y su receptor desempeñan una función fundamental para facilitar la unión, el vinculo y el apego tanto en los seres humanos (Buchheim et al., 2009; Heinrichs y Domos, 2008), como en otros mamíferos (Lim y Young, 2006; Young y Wang, 2004). Durante el parto, la liberación de un torrente de hormonas, entre ellas la oxitocina, favorecen el vínculo con el bebé recién nacido, el cual, de no producirse ese vínculo, tiene escasas posibilidades de sobrevivir. Pero, esta liberación se está perdiendo porque la oxitocina es una hormona "tímida" que se retrae con facilidad y precisa de un entorno favorable para segregarse. Con la forma actual de parir es difícil que la oxitocina haga su aparición y esto puede afectar a la capacidad de amar del futuro niño y adulto que acaba de nacer (Odent, 2007, 2008).

Además, la oxitocina ayuda a proteger el cerebro de la hipoxia, especialmente durante el parto (Khazipov et al., 2008). El bebé para sobrevivir durante las fuertes contracciones finales libera un torrente de noradrenalina que le permite adaptarse a la falta de oxígeno en esta fase del expulsivo. Esto se manifiesta en el estado de alerta que presenta el bebé al nacer con los ojos bien abiertos y las pupilas dilatadas. La mayoría de las madres se van a sentir atraídas por la mirada de los recién nacidos. Parece ser que ese contacto visual es importante en el inicio de la relación mamá/bebé (Odent, 2005, 2007, 2009).

2.5. Otros compañeros

Independientemente de la cultura, el parto se ha caracterizado por desenvolverse en un ambiente femenino. La partera, comadrona o asistente ideal es la compañera que no interfiere sino que propicia esa comunión con lo que ocurre en el cuerpo de la mujer en ese momento presente. Acompaña con su presencia sin demandar atención para ella, dejando hacer. En uno de los libros de Michel Odent, la partera es representada por una mujer sentada en un silla tejiendo, una mujer que espera paciente sin interferir en lo que está ocurriendo y está pendiente de venir.

Actualmente se ha ido instalando la costumbre de que sea el padre el que acompañe a la madre. Si el padre está sintonizado entrará en esa danza compartiendo esa experiencia física en cada momento, apoyando y sintonizando con las sensaciones y emociones que vive la madre. Podemos decir que es la pareja la que está pariendo, ambos viven la misma realidad.

Aun así, este es un tema que despierta cierta controversia. Hay investigaciones que apoyan la idea compartida por el obstetra francés Michel Odent, de que el hombre puede interferir en el parto. Él ha sido uno de los primeros en prevenir contra la "masculinización del nacimiento". Según Odent, el hombre es más proclive a producir adrenalina, y puede contagiar este estado en la mujer y que esta termine produciendo adrenalina también. La adrenalina le hacer sentirse más tensa a la mujer e inhibe la producción de la oxitocina. La presencia del padre puede inhibir la liberación de la oxitocina, masculinizando el espacio del parto (Odent, 2015).

Afortunadamente, nuestro sistema sanitario se está haciendo cada vez más consciente de lo importante que es la intimidad y lo nocivo que resulta un entorno ruidoso, excesivamente iluminado y ajetreado para que la madre pueda estar centrada y dejando que el cuerpo haga lo que tiene que hacer. Cada vez son más los sanitarios y las comadronas que trabajan activamente para generar entornos y situaciones donde se propicie un parto humanizado y mamiferizado.

Son muchas las matronas que van más allá de los protocolos institucionalizados de los partos y han promovido y promueven cambios en la concepción de cómo se debe ayudar a parir. Intuyen y se acercan a la figura de guía y apoyo que, a lo largo de nuestra historia como humanidad, ha acompañado a la parturienta sin invadirla, permitiendo que el cuerpo actúe.

2.6. La oxitocina, hormona del amor

La oxitocina, conocida como la hormona del amor, está presente en las interacciones fundamentales sociales entre mamíferos. Es una de las hormonas principales de la excitación sexual y de los orgasmos tanto de los hombres como de las mujeres. Y además, en las mujeres, la oxitocina se libera en grandes cantidades, concretamente tras la distensión del cérvix uterino y la vagina durante el parto, así como en la estimulación del pezón por la succión del bebé, facilitando por tanto el parto y la lactancia, así como el vínculo entre la madre y el bebé, y promoviendo el amor maternal. Como vemos, aparece en acciones que implican inmovilidad sin miedo, estados fisiológicos relajados (Carter, Porges, 2013).

Si recurrimos a la idea de una biología del amor, esta se origina en las partes más primitivas del cerebro, en el núcleo emocional, en el sistema límbico del ser humano. Un sistema que evolucionó mucho antes que la corteza cerebral, pensante, y que compartimos con los mamíferos. Conforme vamos aumentando nuestro conocimiento, vamos descubriendo que algunas de las respuestas que nos caracterizan como humanos tienen sus bases en nuestro sistema neurobiológico y endocrino. Una de estas bases es la oxitocina. La oxitocina no es que sea una molécula equivalente al amor; es tan solo un componente importante de un sistema neuroquímico complejo que permite que el cuerpo se adapte a situaciones altamente emotivas. El cerebro humano se llena de sensaciones promovidas por las hormonas y, a menudo, muchas de ellas son transmitidas por el nervio vago, que también tuvo un desarrollo especial con la aparición de los mamíferos. Luego la corteza se esfuerza por interpretar esos mensajes primarios de amor, y va desarrollando una narrativa entorno a esas experiencias viscerales (Carter, Porges, 2013).

Ya hemos visto cómo en los grandes mamíferos la oxitocina juega un papel fundamental, tanto en la reproducción como en el parto, ayudando a expulsar el bebé, o en la lactancia, promoviendo la alimentación del bebé y en el desarrollo del vinculo entre el recién nacido y su madre.

Pero además, la oxitocina puede ayudar a asegurar que los padres y otros miembros del grupo social colaboren en los cuidados de los recién nacidos (Carter, Porges, 2013).

La presencia de los bebés libera oxitocina en los hombres y esta podría ser una forma de facilitar el hacer frente a las numerosas necesidades que requiere un lactante. Por ejemplo, cuando los machos reproductivamente ingenuos son expuestos a un bebé, rápidamente entran en un estado fisiológico caracterizado por la activación de los sistemas nerviosos simpático y parasimpático (Carter, 2014). Este estado fisiológico es algo novedoso, que probablemente depende de las interacciones entre la oxitocina y la vasopresina y permite la aparición simultánea de comportamientos que promueven protección, y otros que promueven nutrición y formas de comportamiento social (Carter, 2014, Kenkel et al., 2013).

La oxitocina asociada al nacimiento y a la lactancia puede facilitar la labor de la crianza, disminuyendo la ansiedad de la madre ante la exigencia de los cuidados del bebé. La capacidad de la oxitocina para regular los sistemas de estrés nos facilita la comprensión de la excepcional capacidad de la mayoría de las mujeres para hacer frente a los retos del parto y la crianza de los niños, manejando adecuadamente la ansiedad y siendo capaces de expresar sentimientos de amor hacia su recién nacido (Carter, Porges, 2013).

Bajo los efectos de la oxitocina se promueve el contacto táctil, y el repertorio de conductas maternales iniciales imprescindibles para atender adecuadamente a un bebé. Por eso la oxitocina juega un papel fundamental en el vínculo y el cuidado del recién nacido. Puede decirse que su misión es facilitar la propagación de la especie y los cuidados del neonato. Durante la lactancia, la mamá y el bebé son inundados por la cascada hormonal de oxitocina, propiciando que la mamá se centre en el bebé y disfrute de ese espacio, no solo alimentando sino contemplando y arrullando al bebé; conectando con él, sintiendo con él.

La investigación en animales y seres humanos sugiere que la oxitocina juega un papel importante en el comportamiento social y la cognición social, así como en la formación y mantenimiento de las relaciones sociales (Donaldson y Young, 2008; Ebstein et al., 2009; Feldman, Gordon, y Zagoory-Sharon, 2011).

Además de esto, la oxitocina, como neuromodulador, tiene un efecto intenso en la regulación del sistema nervioso. Disminuye la actividad del sistema nervioso simpático, contrarresta los efectos del estrés, baja la tensión arterial, desciende el ritmo cardíaco, incrementa los estados de bienestar y relajación, favorece una óptima termorregulación y aumenta el umbral del dolor. Como vemos favorece la disminución de los niveles de ansiedad (Aguilera et al., 2008). Sus efectos ansiolíticos han sido demostrados en varios estudios (Ayers et al., 2011). Igualmente influye sobre el sistema inmunológico, promueve efectos anti-inflamatorios y anti-oxidantes y ayuda a recuperase de lesiones, incluidas las del corazón (Carter, Porges, 2013) y a manejar mejor el dolor (Ditzen et al., 2009).

En recientes estudios, en los cuales se ha utilizado oxitocina por vía nasal, se han encontrado indicios de que amortigua el disgusto y el malestar (Theodoridou et al., 2013). En adultos con estilos de apego inseguro permite aumentar la experiencia de seguridad (Buchheim et al., 2009). Entre las funciones principales de la oxitocina parece encontrarse la regulación descendente de las respuestas fisiológicas y conductuales (Campbell, 2010).

2.6.1. La oxitocina endógena y el parto

Toda mujer de parto produce su propia oxitocina natural y dicha producción dependerá en gran medida del ambiente que rodee a esa mujer durante el parto (Odent, 2007).

Cuando se crean las condiciones adecuadas para que se sienta segura y tranquila, la mujer genera su propia oxitocina. Entonces, los partos se acortan y son vividos con menos estrés tanto por la madre como por el bebé. En un parto promovido exclusivamente por oxitocina endógena, las contracciones son menos dolorosas y más llevaderas que las originadas por la oxitocina sintética. El cerebro va a producir endorfinas que ayudan a descansar y proporcionan sensación de bienestar, lo cual reduce la necesidad de otros tipos de analgésicos. Tras el parto, esas mismas hormonas facilitan el vínculo y la lactancia.

"En la actualidad, el número de mujeres que dan a luz gracias a la liberación de oxitocina natural se está aproximando cada vez más rápidamente al número cero". Esto probablemente cambie nuestro cerebro y nuestra forma de relacionarnos (Odent, 2005, 2007).

Los últimos avances en neurología cada vez dan más importancia a los meses de gestación, al parto y a las horas posteriores. Las investigaciones parecen evidenciar que todo lo que rodea al nacimiento puede afectar en la capacidad posterior de amar. Los experimentos con otros mamíferos así parecen constatarlo. En los años 80 en la Universidad de Carolina del Norte se administró oxitocina a ratas vírgenes, lo cual generó en ellas conductas maternales hacia crías de otras ratas. Aún no se pueden generalizar estos resultados obtenidos en condiciones de laboratorio. El cerebro humano, no cabe duda de que, es mucho más complejo que todo eso, y la mujer va a intentar vincularse con su hijo recién nacido incluso en las condiciones menos favorables. Aun así, esas condiciones pueden dificultar y poner en peligro el vínculo y el apego entre madre e hijo.

Con frecuencia, en la consulta nos encontramos con madres que se preguntan por qué les resulta tan difícil sentir cariño hacia sus hijos, por qué culpan de sus problemas, al bebé primero y al niño después, por qué el bebé les resulta insoportable y prefieren realizar cualquier otra actividad antes de estar con ellos a solas. Esperaban que conforme los bebés crecieran sería más fácil mantenerse con ellos y relacionarse, pero en la medida que esos niños o niñas han ido creciendo la vinculación sigue pendiente de producirse. Los niños muestran conductas de rechazo abierto o encubierto, se quejan de no ser queridos. Estos niños culpan instintivamente a sus madres de cualquier malestar y entre ellos es muy difícil que se produzca una resonancia emocional, porque ambos se mueven en estados defensivos. En la mayoría de estos casos, cuando recogemos información sobre el embarazo y el parto nos encontramos con que los partos han sido inducidos, partos complicados, estresantes, donde la mujer ha tenido muy poco control o ninguno del proceso y han terminado demasiado exhaustas como para interesarse en un primer momento por el bebé recién nacido. El parto es un evento neurobiológico en el que se produce un diálogo neuroquímico constante e irrepetible entre el cerebro materno y el del bebé. De hecho son las neurohormonas fetales las que dan la señal que desencadena el parto a término en condiciones fisiológicas (Olza et al., 2012). Parece ser que en estos partos, entre otras dificultades, no se ha respetado esa comunicación.

2.7. La hora después del parto

La hora siguiente al nacimiento es, sin duda, una de las fases más críticas de la vida de los seres humanos. Solo nacemos una vez. Por lo tanto, en la adaptación a nuestro nuevo mundo, la primera hora será definitiva. Para empezar, tenemos que aprender a respirar con nuestros pulmones de forma repentina.

Si se ha permitido que la mujer sea dueña de su parto, si no ha sido invadida, ni abrumada y se ha dejado hacer a la naturaleza, durante las últimas contracciones hay una subida de las hormonas de la familia de las adrenalinas y se puede producir el reflejo de eyección materno-fetal, en el que las mujeres tienden a sentirse llenas de energía e incluso pueden llegar a erguirse. De forma refleja los músculos abdominales presionan al bebé hacia abajo y hacia afuera y el cuello del útero y los músculos del perineo, que hasta ahora han sujetado al feto, se relajan y se abren rápidamente. Este reflejo hace que de forma espontánea y sin impedimentos se expulse al bebé sin esfuerzo y que el bebé viva una caída libre. Sus niveles de adrenalinas igualmente elevados permiten que pueda adaptarse a esta situación y se prepare para respirar. El bebé llega llorando ansiosamente.

Es justo después del nacimiento del bebé y antes de la expulsión de la placenta cuando las mujeres tienen la capacidad de llegar a los niveles máximos de oxitocina, siempre y cuando el ambiente sea el adecuado, es decir, si la madre no tiene otra cosa que hacer que mirar a los ojos del bebé y sentir el contacto con su piel sin ninguna distracción.

En los humanos la lactancia es básicamente instintiva durante la primera hora posterior al nacimiento. El recién nacido humano necesita urgentemente estar en contacto con solo una persona: su madre.

Si se coloca al recién nacido, nada más nacer, en contacto piel con piel con su madre se fomentan los lazos afectivos entre madre e hijo. Esto favorece la autoconfianza de la madre en el cuidado de su hijo, con el que se muestra más afectuosa, y también se preserva la energía y se acelera la adaptación metabólica del recién nacido. Si no es separado de su madre durante los primeros 70 minutos, el recién nacido repta hasta el pecho y hace una succión correcta. Este hecho se ha relacionado con una mayor duración de la lactancia materna (Gómez Papí, 1997). El contacto piel con piel, es uno de los pasos incluidos, desde septiembre de 2001, en la redacción de la *World Association of Perinatal Medicine,* y en las recomendaciones de mínimos para la asistencia del recién nacido sano del Comité de Estándares de la Sociedad Española de Neonatología. Observaciones realizadas en diferentes investigaciones llegan a la conclusión de que el contacto entre la madre y el recién nacido debe ser ininterrumpido durante la primera hora después del parto o hasta que la primera toma al pecho haya tenido lugar, y que es conveniente que se restrinjan el uso de drogas (Lancet, 1990).

Desde luego que podemos reducir el tiempo para hacer la primera toma, forzando al recién nacido a coger el pecho, pero esto puede abolir los reflejos de arraigo (búsqueda, succión, etc.) y alterar la colocación correcta de la lengua, lo que da lugar a una técnica de succión incorrecta y, por tanto, se pierde el efecto beneficioso del agarre espontáneo sobre la lactancia materna (Gómez Papí, 1997).

La hora posterior al parto es un periodo crítico con consecuencias para toda la vida.

Nacer no debería ser una interrupción de la continuidad, la continuidad de la misma voz, el mismo olor, los mismos latidos, la misma madre.

El periodo inmediato al nacimiento es crucial para un bebé. Es entonces cuando se lleva a cabo la transición desde la oscura, segura y cálida sensación de estar en el útero, al extraño entorno en el que se encuentra el bebé nada más nacer. En ese momento el recién nacido necesita estar próximo a su madre porque ella es el mundo entero para él. Solo así concebirá su nuevo estado como seguro y acogedor y se permitirá abrirse a él.

2.8. Cuando se corta el contacto

El vínculo entre una madre y su hijo no empieza con el nacimiento sino que es una secuencia de hechos fisiológicos, psicológicos que empiezan en el útero y continúan a través de todo el periodo de vínculo postnatal. Cuando se produce una separación repentina del niño de su madre biológica, la experiencia resultante de abandono y pérdida queda grabada como una experiencia física en el cuerpo y en la mente del bebé. Es la herida primaria (Newton, 2010).

El bebé comparte una experiencia de 38 semanas, (si contamos desde la fecundación), con una persona con la que está conectado genética y biológicamente. Vive la historia de la madre a través de sus estados emocionales transmitidos por los neurotransmisores y las hormonas. Ya se produzca el corte de esa comunicación a los pocos minutos o a los pocos días, el bebé experimenta que pierde sus pocos referentes de este nuevo mundo: el olor corporal de su madre, los latidos de su corazón y sonidos internos a los que ha estado expuesto en el útero y las voces conocidas que le llegaban filtradas. Esa continuidad se ha roto y todo es desconocido y le crea incertidumbre. En estas circunstancias es inevitable que el miedo este rondando.

2.8.1. Íñigo

Había pesado 3,200 Kg y no paraba de llorar. Íñigo se sentía inquieto. Claro que esa sensación era la única que conocía, aunque no tuviera nombre para él. Ahora estaba en un mundo nuevo y aunque reconocía cierto olor, y esa voz, este reconocimiento no le calmaba. Lloraba y lloraba. Su cuerpo estaba lleno de inquietud y nadie la sabía apaciguar. Lloraba porque era lo único que podía hacer.

El embarazo le había permitido trabajar hasta una hora antes de romper aguas y menos mal, porque con todo lo que tenía que resolver en su pequeño negocio hubiera sido imposible coger una baja antes. Ana se sentía orgullosa de cómo había gestionado su embarazo, había estado activa incesantemente y eso le ayudaba a no pensar en lo que vendría después, cuando ese niño naciera. Se sentía orgullosa de hasta dónde había llegado profesionalmente. Le apasionaba su trabajo, los retos no la detenían, y no tenía pensado cambiar de estilo de vida. Nunca había tenido una postura clara sobre su maternidad, simplemente tocaba. No podía esperar mucho más, ya rondaba los cuarenta y había que cumplir con el programa, y en ese programa, aunque no estuviera escrito, entraba el niño. Su compañero tampoco es que se muriera por ser padre, lo habían programado así y ya está. Había entrado en el paritorio ultimando y programando la agenda de su secretaria. Estaba tranquila. Tenía plaza en la guardería y dos meses de baja maternal. Todo iba a salir perfecto.

Siete horas más tarde de esta entrada en el paritorio, no entendía nada. Miraba cómo lloraba su hijo en sus brazos y no sabía qué hacer. Estaba agotada. Intentaba mecerlo pero no podía. Se lo acercaba al pecho y todavía lloraba más fuerte. El padre de Íñigo intentaba tranquilizarla pasándole la mano por la espalda pero ese gesto todavía la ponía más nerviosa. Quería soltarlo, quería silencio, dormir y despertarse con todo resuelto. Pero, Íñigo cada vez lloraba más fuerte. Y entonces ella empezó a llorar angustiada también. Lloraba mientras miraba a Íñigo e Íñigo lloraba mientras miraba a su madre. Sin consuelo ninguno de los dos.

Ejercicio

- Podríamos pararnos un momento a conectar con las primeras experiencias de vínculo y relación que ha vivido Eneko. Observa qué sensaciones y emociones se activan dentro de ti al conectar con la experiencia de Eneko. Y observa también si surge en tu mente algún pensamiento o creencia referente a ti mismo o misma, y simplemente date cuenta de ello.
- Ahora me gustaría que hiciéramos lo mismo respecto a la experiencia de Íñigo. En este caso ¿qué tipo de sensaciones y emociones se activan dentro de ti y cuáles son las creencias que despiertan en ti dichas emociones?
- ¿Podemos hacernos una idea de cómo van a afectar a cada uno de ellos, en sus futuros desarrollos, estas primeras experiencias relacionales con sus padres?
- Si sois padres, o futuros padres o madres, tomad conciencia de la importancia de este inicio, ¿cómo os hace sentir esta reflexión?

3
El apego:
el pegamento emocional

Una madre resulta más eficaz que nunca cuando confía en su propio criterio.

Winnicott, D.

3.1. Se está construyendo una familia

Los días de Lidia transcurrían tranquilos después del sobresalto inicial de tener a alguien a su cargo, a su lado, las 24 horas del día.

Se estaba convirtiendo en madre. Hasta entonces había sido muchas cosas, hija, amiga, estudiante, decoradora, compañera y ahora recorría el camino de ser madre. Se tenía que reconstruir en sus nuevas funciones, en su rol recién adquirido y lo mismo le ocurría a Mikel, el padre de Eneko, quien además de compañero estaba descubriendo que se estaba convirtiendo en padre.

La casa había dejado de acoger tan solo a dos personas. Su ocio, su día a día había girado hasta entonces en torno a ellos solos y en cambio ahora, las necesidades de Eneko estaban por encima de sus apetencias. La casa se transformaba para facilitar los cuidados de Eneko. La cuna y el moisés ocupaban espacios, sin encontrar una funcionalidad clara, hasta entonces no habían sido usados, y Mikel sospechaba que serían definitivamente arrinconados. ¿Pero cómo privar a Eneko del contacto con su madre? Solo había que mirarlo mientras dormía o lactaba para admitirlo y saber cuál era su lugar. El calor, el olor, el roce materno le proporcionaba el cobijo ya conocido en el útero donde las paredes uterinas lo envolvían. El cuerpo de Lidia era su hábitat natural.

Eneko y Lidia comenzaban a adaptarse a su nuevo estado. A Lidia le encantaba tener a Eneko sobre su abdomen –piel con piel– y sentir sus ligeras y rítmicas respiraciones. Por segundos, que parecían alargarse infinitamente, las respiraciones, los latidos de ambos se sincronizaban. Ella respiraba con Eneko y Eneko con ella, una respiración, un corazón. El espacio y el tiempo se dilataban. Lidia se adaptaba a los ciclos de Eneko y dormía cuando él dormía. Eneko tenía la costumbre de siestas cortas y tomas frugales que se repetían sin ser fáciles de predecir.

Lidia se colgaba de los ojos de su hijo, mientras Eneko se colgaba de los ojos de su madre. Sin mediar palabras el uno y el otro se exploraban, se sentían. Si Lidia sonreía Eneko sonreía, si Lidia se sobresaltaba, Eneko también. A veces a Lidia le costaba reconocerse a sí misma, dónde habían quedado sus aficiones o sus gustos. Su vida personal parecía desvanecerse. Entonces no tenía más que mirar el descanso apacible de Eneko para saber que lo que estaba haciendo era lo que tenía que hacer.

Pocas personas irrumpían en aquel nido íntimo y sosegado. La pareja lo había decidido así. Pero no faltaron insistentes llamadas o visitas "bien intencionadas" de los abuelos de Eneko, algunas amigas y familiares. Se repetía un patrón de cierta machaconería: torrentes de consejos contradictorios. *"Lo coges mucho, se va a entecar"*. *"¿Piensas darle teta hasta que le salgan los dientes?"*. *"Si no quieres volverte loca, cuanto antes se acostumbre a dormir solo, en otro cuarto, mejor. ¿Que llora? ¡Ya se le pasará!"*. Y así un largo etcétera de espantosos lugares comunes que en el fondo se cifran en priorizar las prisas y manías del mundo adulto sobre las necesidades de ese pequeño mamífero humano que acaba de llegar y necesita calma, tiempo, calor y muy poco ajetreo de nuestro tren de alta velocidad urbanita. Por suerte, las lecturas y talleres previos les estaban permitiendo ser fieles a su sentido común que intuía las necesidades de su hijo. Lidia se esforzaba por escuchar a su cuerpo como le había escuchado decir de niña a su abuela, *"hija, yo estudios no he tenido, pero mis tripas, mi cuerpo, siempre me han sabido decir qué necesitaban mis hijos y ahora mis nietos"*.

Eneko iba a hacer seis meses y poco a poco había comenzado a interesarse, además de por su madre, por el entorno que le rodeaba.

Le gustaba sentirse envuelto en el porta-bebés y flotar en el movimiento de su madre, dejarse mecer en su vaivén y arrullar por su voz, porque esa voz cantarina, suave y melodiosa le acompañaba allí a donde fueran. Su madre le explicaba el mundo y lo impregnaba de sensaciones. Él, estaba claro que "no entendía" literalmente las palabras de su madre, pero mediante los gestos, la intensidad de la entonación, el chispeo de la luz de los ojos de su mamá, podía percibir una infinidad de sensaciones y emociones ligadas a lo que ocurría o estaban a punto de realizar. Cuando sonaba un ruido metálico y un abrir de puertas, sin haber oído a su papá sabía que estaba ahí. La voz de Lidia acompañaba estos sonidos con *"¡Oh, ha llegado papá!, vamos a decirle, ¡Hola papá, hola papá!"*, y el entusiasmo y la alegría recorrían la estancia.

Mírame, siénteme cristina cortés viniegra

La llegada de Mikel siempre era excitante, suponía una ruptura en el continuo de la calma y el sosiego en el que transcurrían las horas entre Lidia y Eneko.

A Mikel con su paternidad recién estrenada y aún a los seis meses, le costaba encontrar su espacio, su lugar. Muchas veces se sentía como aquella cestita que llaman "moisés" o aquella cuna que no llegaban a tener protagonismo y andaban recogiendo polvo por las esquinas.

Mikel no podía competir con Lidia por la atención de Eneko. Ese pequeño campeón parecía ser una prolongación de Lidia, en su regazo, sobre ella, explorándola, embelesándose en ella y Lidia respondía a ese baile.

Mikel a lo largo de estos meses había ido descubriendo lo importante que era para Lidia su apoyo, que ella pudiera contar con él, y él la sostuviera en su cansancio, en su entrega en los cuidados diarios a Eneko. Poco a poco Mikel iba asumiendo que pese a que a veces se sentía también como un niño, como un niño abandonado, "no le está permitido" entrar en el juego. Comprendía que su papel era de apoyo discreto y sutil en la logística, el aliento, en muchos detalles pero en cierto modo en la periferia de ese vínculo tan especial. Y Mikel había elegido conscientemente no ser "una carga" en el sentido de malas caras, celos, etc. por la dedicación al bebé o cosas que pudieran disgustar a Lidia. Y así su disposición y motivación de ser un puntal del proceso le inspiraba para llegar a casa y aportar entusiasmo y una corriente de aire fresco. Para Eneko eran momentos de expectación, exploración y de juego. Para Lidia momentos para poder dedicarse a sí misma y descansar, recobrar fuerzas para mantenerse con energía y entusiasmo en las abundantes y agotadoras tareas de los cuidados de Eneko.

Sí, Mikel se sentía bien sosteniendo a Lidia, participando en los cuidados de Eneko, atendiendo la carga doméstica (descubriendo de paso que la logística y faenas del hogar eran mucho más costosas de lo que nunca pensó), postergando sus aficiones. Pese a la lógica añoranza de más espacios de pareja, pese a días de agobio, sabía que nunca se arrepentiría de ninguno de esos momentos en los que estaba contribuyendo con su presencia activa a la generosa entrega de Lidia. Mikel sentía un orgullo sano al saberse un vértice imprescindible de ese triángulo de crianza. ¡Aúpa equipo!

3.2. Sobrevivir en un nuevo medio

Tras el nacimiento se abre un nuevo espacio, un entorno aéreo al que hay que adaptarse. Imaginemos el desconcierto de un bebé indefenso, recién llegado en una confortable cabina submarina donde tenía todas las necesidades fisiológicas cubiertas, a la orilla de cualquier costa, donde se abre la compuerta y entra la luz, el aire, desconocidos hasta entonces. Su sistema de subsistencia y funcionamiento habituales ya no son válidos y tiene que comenzar a activar unos sistemas internos no ligados ni dependientes de la cabina submarina. Va a resultar crucial cómo es recibido y atendido en esa costa.

Afortunadamente la naturaleza tiene mecanismos para que ese proceso no sea aterrador.

El recién nacido modulado por el cóctel de la oxitocina, las catecolaminas y el cortisol va a disponer de dos horas de alerta serena, (Bystrova et al., 2009), para abrirse al nuevo entorno. Estas dos horas son conocidas como periodo sensitivo (Porter, 2004). Durante las contracciones uterinas y el descenso por el cuello del útero las catecolaminas van a facilitar la activación del olfato. El recién nacido, en contacto ininterrumpido con su madre, se va a sentir atraído hacia los pezones que desprenden un olor característico, idéntico al aroma del líquido amniótico –prodigios de la evolución– en el cual ha estado flotando durante nueve meses. Si todo sigue su curso, el bebé se sentirá atraído hacia la aureola mamaria. Además, si es colocado piel con piel sobre su madre se acelera el reconocimiento del olor materno. Por otro lado, cuando el bebé es dejado en decúbito prono (boca abajo) entre los pechos desnudos de su madre, el recién nacido va a permanecer un momento inmóvil y poco a poco va a comenzar a reptar hacia los senos (mediante movimientos de flexión y extensión de las extremidades inferiores). Toca el pezón, pone en marcha los reflejos de búsqueda (masticación, succión de su puño, lengüetada), se dirige hacia la aureola, que reconoce por su color oscuro y por su olor, y comienza a succionarla (Righard et al., 1990; Porter, 2004). Esta experiencia facilita la siguiente toma. Mientras el feto se arrastra hacia los senos maternos, piel con piel, va a ir despertando sus sentidos en un territorio familiar, con resonancias intrauterinas. La naturaleza induce a que se produzca de forma espontánea la lactancia durante la primera hora del nacimiento atraído por el olfato hacía el pezón mamario (Varendi, Porter, & Winberg, 2002). Antes del primer enganche, el bebé suele mirar atentamente a los ojos de la madre, estableciendo contacto visual, atento a la voz y a los movimientos de la madre. Todo esto es propiciado por los altos niveles de oxitocina. El recién nacido está viviendo sus primeras experiencias y estas probablemente quedarán grabadas en su memoria debido a los altos niveles de catecolamina. El contacto íntimo, piel con piel, el susurro, las caricias, la contención protectora con el cuerpo materno van a facilitar que esos sentidos florezcan y se dirijan a los estímulos del entorno y al descubrimiento de su cuerpo. Las voces familiares evocan los sonidos que hasta hace apenas un instante llegaban filtrados y amortiguados a través del útero materno y del líquido del pabellón auditivo.

Los estudios referentes a este periodo crítico nos indican que si se produce una separación en las primeras dos horas siguientes al nacimiento, los efectos negativos de esa separación son difíciles de compensar a pesar de la posterior práctica del contacto piel con piel. Estos hallazgos apoyan la existencia de este período crítico después del nacimiento durante el cual el contacto íntimo entre la madre y el bebé puede inducir efectos positivos a largo plazo sobre la interacción madre-hijo. Este primer contacto ayuda a la manifestación de afecto positivo mutuo y recíproco entre la recién estrenada madre y el bebé (Bystrova et al., 2009).

3.3. El estrés del parto

El feto permanece sedado por la baja concentración de oxígeno en la sangre fetal y por los efectos de los neuroesteroides producidos por la placenta (Lagercrantz y Slotkin, 1986). La madre, a lo largo del trabajo del parto durante el descenso uterino, produce hormonas que estimulan las glándulas suprarrenales del feto, produciendo en este una liberación masiva de catecolaminas. Las catecolaminas son aminohormonas y neurotransmisores (adrenalina y noradrenalina) que se vierten al torrente sanguíneo en situaciones de estrés o de adaptación. Nada más nacer, los niveles de catecolaminas en sangre de los bebés son altísimos. Si durante el parto surgen dificultades, ya sea un parto instrumental o aquel en el que se han producido complicaciones, como la hypoxia, estos niveles son aún más altos. A mayores dificultades durante el parto, mayores niveles de hormonas asociadas al estrés. Por el contrario, en las cesáreas programadas en las cuales el feto no realiza ningún trabajo conjunto con su madre el nivel en sangre de catecolaminas es el más bajo. Estos niveles tan altos de las hormonas del estrés, es conocido como el estrés del parto. Este estrés es necesario y beneficioso para los recién nacidos (Lagercrantz y Slotkin, 1986) ya que ayuda al bebé a respirar, ayuda a que se expandan los pulmones del bebé y a limpiarlos de líquido amniótico. Aumentan el flujo sanguíneo. Las catecolaminas envían más sangre al cerebro, corazón y riñones del bebé, y así favorecen la activación del sistema. Aumentan las reservas de energía del recién nacido, lo cual le facilita la espera hasta la bajada de leche materna. Incrementan la protección inmunológica, puesto que con el aumento de las adrenalinas, aumentan los glóbulos blancos, y no podemos obviar que en el útero ha estado libre de gérmenes y nada más nacer estará expuesto a ellos. Aquí el contacto con su madre vuelve a ser una ventaja, ya que si comparte el entorno de su madre, los gérmenes maternos no serán tan agresivos pues el bebé tiene los mismos anticuerpos que su madre (Odent, 2007).Estas primeras experiencias alimenticias tienen que ver con el desarrollo de las comunidades microbianas que habitan en el cuerpo desde que nacemos y desempeñan un rol determinante en la salud y función cerebral a lo largo de la vida (Perlmutter y Loberg, 2015).

Y curiosamente, las hormonas activantes también facilitan el vínculo, ya que hacen que el bebé esté alerta. Un bebé alerta va a estar más interesado en el descubrimiento y la exploración de su madre. Este estado de alerta serena propicia las primeras experiencias vinculares. Por lo tanto las catecolaminas ayudan a adaptarse a la vida extrauterina. Un recién nacido equipado con catecolaminas responderá y se adaptará mejor al nuevo medio (Odent, 2007). Este nivel elevado de las hormonas del estrés se va a ir regulando descendentemente mediante los cuidados, el contacto corporal y la succión.

Así pues, el bebé que acaba de nacer manifiesta una respuesta de estrés elevada mediada por el cortisol (Gunnar, 1992). Sin embargo, esta reactividad se diluye gradualmente durante el primer año de vida, y parece depender de la calidad de los cuidados (Gunnar y Donzella, 2002; Spangler y Grossmann, 1993). Podemos deducir que la regulación del cortisol, la hormona del estrés, es altamente sensible a los primeros cuidados. Se han podido observar variaciones en el nivel de cortisol en función de la calidad de los cuidados que las madres dispensan a los bebés y niños pequeños, junto con la evidencia de que los niños con temperamentos emocionales negativos o más difíciles pueden ser más propensos a presentar elevaciones de cortisol en condiciones de una atención no óptima (Gunnar y Donzella, 2002).

Es decir la capacidad de regular la sobreactivación fisiológica producida por la hormona del estrés, el cortisol, ante los estresores va a depender de la regulación afectiva, táctil, de contacto y refugio piel con piel, que tenga el bebé durante el primer año de vida fundamentalmente. En la medida que la madre o el cuidador principal, además de atender sus necesidades, contenga al recién nacido, lo consuele y le transmita seguridad y vaya modelando y modulando la imagen y el impacto del mundo al que acaba de llegar, este mundo será más predecible y seguro y se irá regulando la respuesta de sobreactivación.

3.4. La relación, imprescindible para sobrevivir

La característica fundamental del ser humano es su capacidad de crear y fomentar relaciones, estas son imprescindibles para la supervivencia. La capacidad de desear y crear relaciones depende de áreas concretas del cerebro. Los sistemas del cerebro que nos permiten crear y fortalecer relaciones se desarrollan durante los primeros años de vida, (Perry, 2013). Podemos considerar estos sistemas el músculo emocional.

Bowlby consideraba esencial para la salud mental, que el bebé, y el niño pequeño en el que se transformará más adelante, pueda experimentar una relación cálida, íntima y continuada con la madre, en la que ambos hallen satisfacción y goce. Ese vínculo específico caracterizado por las cualidades de esa relación especial que se establece entre la madre y el bebé o el cuidador principal y el bebé, es lo que conocemos como apego (Bowlby, 1969).

Van a ser las experiencias relacionales y el ambiente los factores que van a activar y desarrollar ese vínculo. De esa estrecha relación depende la supervivencia y la adaptación del recién nacido. La biología va a poner todos los recursos necesarios para que se den las condiciones precisas que garanticen esa supervivencia del recién nacido.

3.5. Creando las condiciones para el pegamento emocional

Esas condiciones necesarias que favorecen la supervivencia del recién nacido comienzan a darse antes del nacimiento. Su inicio podemos situarlo en torno a los 15 días de estar el embrión implantado en el útero. En ese momento, el embrión comienza a comunicarse con los tejidos de la madre para que se realicen los cambios físicos y psíquicos necesarios, para ser tolerado y aceptado inmunológicamente. Está preparando su entorno, su hábitat. Comienzan los cambios hormonales en el cerebro y en el resto del cuerpo de la madre, y se desencadenan los cambios fisiológicos y emocionales para que pueda desarrollarse ese vínculo y confort. El cerebro maternal se va modificando extraordinariamente durante la gestación y esos cambios afectan al resto de funciones corporales. Estos cambios son motivados por las transformaciones que se producen en los sistemas neuroendocrinos impulsados por las hormonas del embarazo. Se produce un escenario hormonal particular exclusivo durante el embarazo, el parto y la lactancia. Todos estos procesos se van reflejando en la psicología materna y en el estado anímico del embarazo (Olza et al., 2012).

Desde el punto de vista psíquico el embarazo se caracteriza por una creciente sensibilidad emocional y una necesidad de revisar y comprender los vínculos primarios para poder vincularse afectivamente con el recién nacido (Bydlowski, 2013).

Mírame, siénteme cristina cortés viniegra

Hacia el quinto mes de gestación, la madre suele sentir los movimientos fetales, y en ese mes comienza la secreción de la oxitocina. Esta hormona es la clave para generar, producir el vínculo y apego.

> //Abrimos en este punto un paréntesis para el sufrido lector o lectora. Soy muy consciente de que este libro goza de un doble perfil de lectores, el profesional o iniciado en la materia –familiarizado con buena parte de los elementos técnicos y procesos biológicos– y un lector o lectora inquietos por estos temas que puede sentirse incluso abrumado por la descarga terminológica, igual de abundante que el torrente hormonal en el embarazo, el parto y la crianza. En algunos momentos de nuestro relato técnico nos detenemos en los factores, digamos evolutivos, de impronta biológica, etc. que desencadenan procesos. Pero no queremos bajo ningún concepto minusvalorar todo el proceso íntimo, emocional, personal e intransferible que vive cada madre con o sin pareja, cada bebé, cada familia diversa, más allá del increíble equipaje químico, biológico, evolutivo de las mujeres mamíferas y nuestros bebés. Por eso tratamos de introducir bloques de relato con biografías reconocibles, casos, encuentros, etc. Y continúo con el relato técnico que entiendo necesario para completar todo el inmenso y apasionante puzzle del proceso.//

Estos cambios maternos neuronales producidos por las hormonas del embarazo, van a culminar al final de la gestación con un impulso natural que desemboca en las conductas, las acciones de cuidado, protección y afecto que requiere el recién nacido, y que resultan agradables tanto para el bebé como para la madre.

El periodo perinatal (espacio de tiempo entre la semana 28 de gestación y el séptimo día de vida extrauterina) es un momento de gran neuroplasticidad tanto para la madre como para el recién nacido. Si los cambios cerebrales producidos durante la gestación han sido hasta entonces modulados por las hormonas, las adaptaciones posteriores durante la crianza y lactancia son mantenidas en este caso no solo por la oxitocina, que es segregada al lactar, sino también por la estimulación incesante y recíproca entre la madre y el hijo. Por el baile de interacciones visuales, faciales, corporales entre la madre y el bebé, que cambia y transforma ambos cerebros.

Los padres tampoco son ajenos a estos cambios. En la medida que participan de los cuidados y de toda esa interrelación afectiva con el bebé se producen cambios importantes en los cerebros de los hombres. Las madres parecen mostrar mayor activación de la amígdala y se observan correlaciones entre la respuesta de la amígdala y la oxitocina. Los padres por su parte muestran mayor activación en los circuitos socio-cognitivos, que se correlacionan con la vasopresina (Atzil et al., 2012). Es decir, el contacto con el bebé les induce a conductas de protección y relación. ¡La relación cambia el cerebro!

El cerebro es extremadamente plástico. Tanto los aprendizajes como las experiencias lo van modificando y así se va construyendo. Destaca en especial la capacidad que tiene de adaptarse a las nuevas necesidades. Las exigencias a las que se enfrenta una madre requieren habilidades que garanticen y faciliten la supervivencia del recién nacido. El cerebro se va adaptando a esas nuevas exigencias a lo largo del embarazo. Entre las hormonas que promueven estos cambios tenemos fundamentalmente a nuestra amiga la oxitocina, que como hemos visto tiene la capacidad de promover mejorías en el aprendizaje, la memoria y promueve las relaciones sociales, así como la prolactina que favorece el incremento de la valentía. Tales son los cambios que pueden observarse en el cerebro y en la conducta de una madre que podemos hablar incluso de "construcción del cerebro materno". Se observan notables cambios anatómicos en el volumen de la materia gris en la corteza prefrontal, lóbulos parietales y áreas del cerebro medio. Es igualmente significativo el aumento y desarrollo de los circuitos olfativos y los sistemas y funciones cognitivas, incluyendo las respuestas al miedo. Todo ello indica una reorganización neuronal sustancial en los cerebros de las madres (Craig et al., 2010). Igualmente durante el embarazo se crean nuevas neuronas en algunas áreas específicas del cerebro de la madre, como son el hipocampo o el bulbo olfatorio, que facilitarán a su vez la transición a la conducta maternal tras el parto. Estos cambios están asociados al despliegue de los comportamientos maternales (Kim et al., 2010).

El cerebro de la mujer embarazada va a cambiar primando las habilidades que propicien la supervivencia del recién nacido. Entre las mejoras más destacadas encontramos el mayor desarrollo de la memoria espacial y el aprendizaje (Kinsley et al., 1999). Esto va a mejorar el desempeño maternal y facilitar la habilidad de realizar más de una tarea al mismo tiempo. También favorece la vigilancia. Cualquier niño pequeño, a medida que crece, en su exploración del mundo, va a estar expuesto a oportunidades y riesgos, por lo cual estar atentos a su cuidado y desarrollo es fundamental. Se fortalece la resistencia al estrés, inmunizando a la madre ante las nuevas exigencias y la privación de sueño prevista durante los primeros años. En todas las hembras mamíferas se incrementa la agresividad y la valentía, lo cual propicia las conductas de protección y riesgo para garantizar los cuidados y el alimento (Kinsley, 2008).

Entre las funciones que favorece la oxitocina se incluyen la formación y el mantenimiento de las relaciones sociales (Donaldson & Young, 2008). Aspectos cruciales tanto para la vinculación con el bebé como para mejorar y ampliar sus relaciones con el grupo, ya que las exigencias de los cuidados que requiere el bebé necesitan ayuda extra del entorno inmediato de la madre. Ligadas a esas mejorías se observan mejorías en las habilidades para el lenguaje no verbal y la sociabilidad en general, ya que el lenguaje no verbal será el medio de comunicación con el bebé y ser capaz de establecer relaciones dentro del grupo con otras cuidadoras puede ser crucial. Todas estas ventajas adaptativas tienen el objetivo de criar a un ser humano, de perpetuar la especie.

A nadie se nos escapan los cambios que se producen en el cuerpo de la gestante, estos son observables. Actualmente los cambios que se producen en el cerebro también han pasado a ser observables con las técnicas de imaginería. Si los cambios del cuerpo son visibles y los cambios hormonales resultan comprensibles, no nos deben sorprender los cambios que se dan a nivel cerebral, mental y psicoemocional, y que buscan la adaptación a los cuidados que va a requerir el neonato. Para garantizar la crianza con éxito es imprescindible una sensibilidad emocional que ayude a atender y entender las necesidades del bebé e ir generando el vínculo con el recién nacido. Se ha observado tanto en los padres como en las madres la activación de dos sistemas: la red de procesamiento emocional que incluye la estructura subcortical y estructuras paralímbicas asociadas con la vigilancia, la recompensa y la motivación; y la red de mentalización que implica los circuitos frontomedial, prefrontal y temporo-parietal implicados en la comprensión social y la empatía cognitiva. Estas redes trabajan en conjunto para prestar los cuidados al bebé con el tono emocional y la prominencia adecuados (Abraham et al., 2014).

Mediante el término "transparencia psíquica" (Bydlowski, 2013) se intenta describir el estado psíquico que se desarrolla en la gestante de manera gradual para alcanzar un grado de sensibilidad creciente durante el embarazo, especialmente al final de este. La transparencia psíquica se caracteriza por un resurgir de recuerdos del pasado, que afloran del inconsciente. Esta transparencia conlleva que se fantasee y se recuerde la niñez, y se proyecte cómo va a ser la infancia inminente del bebé. Esto puede reactivar y de hecho reactiva con frecuencia las experiencias no resueltas y traumáticas anteriores de la madre.

Los movimientos fetales durante la gestación pueden funcionar como estímulos proyectivos y disparadores donde se proyectan las relaciones tempranas que ha tenido la gestante con su madre (Zeanah, Keener, & Anders, 1986). Esto se conoce con el nombre de "representaciones maternas". Las fantasías que se proyectan son representaciones de su historia de apego y, en ocasiones, la dificultad para elaborar una representación organizada de su historia parental, correlaciona con las dificultades de vinculación que puede experimentar o bien en el embarazo y/o posteriormente, la futura madre.

El vínculo empieza a formarse en el embarazo y está afectado por una serie de factores interpersonales y ambientales como son la calidad de la relación de pareja, el apoyo social, la presencia de estresores, la dinámica intrapsíquica sobre cómo se concibe al bebé y sobre todo, la manera en que la madre fue criada por sus propios padres (Klaus & Kennell, 1982).

Algunos autores subrayan la idea de que quizás el embarazo suponga un momento privilegiado para abordar los conflictos relacionados con la historia vincular de la gestante.

CASO Número I
Ana vive con culpa su embarazo por un trauma del pasado

Ana es una gestante que llega a nuestra consulta en el quinto mes de embarazo. Últimamente tiene pensamientos recurrentes sobre su infancia y, conforme más accede a sus recuerdos, la ilusión ante su embarazo parece diluirse. Se imagina incapaz de cuidar de su hijo y cree que ha sido un error el embarazo. No sabe cómo ha podido tomar semejante decisión. Desde luego es consciente de que no ha sido ni obligada ni coaccionada a quedarse embarazada, pero ahora le resulta tan difícil imaginarse como una buena madre. Solo pensar que en apenas cuatro meses tendrá que hacerse cargo de su hijo le genera una gran angustia. Y esto le hace sentirse una nefasta mujer que se está engañando a sí misma y de alguna forma traicionando a su marido. No se atreve a hablar con nadie de sus preocupaciones y sentimientos.

Recorremos juntas la historia de Ana. Su padre era alcohólico. Ana tiene recuerdos de su infancia, con 3 o 4 años, donde intentaba anticipar el estado en el que iba a llegar su padre. Recuerda a sus hermanos y a su madre sintiendo el mismo miedo que ella. Según el estado en el que llegara a casa podía ser muy agresivo verbalmente. Hicieran lo que hicieran, ella o sus hermanos eran siempre los causantes de las explosiones, de los gritos y de la ira de su padre. Cuando esto ocurría, su padre denigraba verbalmente a todos, en especial a su madre.

Por otro lado, la madre de Ana tenía cambios bruscos de humor, podía ser solícita o atenta, o podía quedarse ensimismada en sí misma sin ser muy consciente de las necesidades de los niños.

Recordar su infancia le llenaba de angustia y le hacía sentirse incapaz de cuidar de un bebé. Había llegado a la conclusión de que el estrés del cuidado de los hijos debilitaba las relaciones. Eso les había pasado a sus padres.

Ayudamos a Ana a comprender cómo su embarazo estaba siendo lo que se denomina "un disparador" o detonante de procesos no resueltos o traumáticos que procedían de su infancia.

Le ayudamos a poder acceder a sus recuerdos infantiles, resituándolos en la línea temporal del pasado. Le ayudamos a orientarse a los detalles del presente cuando se activaban y accedía a los recuerdos de su infancia. La redirigimos a que se enfocara en el presente, a que accediera a la imagen del presente de sus padres. De esta forma pudo darse cuenta de que su padre fue en su día víctima de un reajuste sectorial laboral, por lo que toda la familia tuvo que desplazarse a otra provincia en busca de trabajo, incluidos los abuelos y tíos. Fueron años duros y por otro lado ella y sus hermanos eran muy pequeños.

Tratamiento terapéutico con EMDR

En el caso de Ana, la intervención que realizamos fue desde el enfoque de la terapia EMDR *(Eye Movement Desensitization and Reprocessing)*, desensibilización y reprocesamiento a través de movimientos oculares. EMDR es una terapia desarrollada para intervención tanto en trauma, como en la sintomatología que este genera: ansiedad, miedo, angustia, rabia, dolor, insomnio, estrés, etc.

Cuando un suceso nos sobrepasa, las experiencias vividas quedan almacenadas en redes específicas de memorias. En cierto modo es como si estas memorias permanecieran congeladas, aisladas del resto de los recuerdos y experiencias. En un momento dado, son activadas por disparadores que resuenan con esos recuerdos, arrastrándonos a re-experimentar el pasado en el presente sin tener conciencia de ello. La intervención con EMDR permite acceder a los elementos constitutivos de esas memorias –imágenes, sensaciones y creencias– tanto positivas como negativas. En una de las fases de la intervención se hace uso de la estimulación bilateral, la cual facilita el mantenimiento de un estado de atención dual entre el presente y el pasado y permite la conexión y acceso a memorias más amplias y saludables de nuestra red neuronal. De esta forma, cambiamos la perspectiva respecto al suceso traumático y a cómo este fue almacenado.

A lo largo de la intervención, reforzamos y fortalecimos los logros conseguidos por Ana como adulta. Ana era muy valorada por sus compañeros a nivel profesional, sus sobrinos la adoraban, solía cuidarlos con frecuencia. Reforzamos su buen hacer, empeño y constancia; cualidades muy buenas para la crianza.

Y finalmente, trabajamos los recuerdos de su infancia, que contenían experiencias de haberse sentido abandonada, no atendida por su madre.

Al procesar estos recuerdos, Ana pudo acceder a otros panoramas que relativizaban los sucesos. Pudo ver a su madre sobrepasada por la adaptación a una nueva comarca, el tener que sostener una casa ruinosa y las infatigables labores de cuidados a los niños. Al final tomó conciencia de recuerdos olvidados donde sí vivió en intimidad y sintonía con su madre.

Procesamos –siempre con la referida terapia basada en EMDR– recuerdos donde había experimentado miedo y angustia ante los gritos y el descontrol de su padre, en su infancia. Este procesamiento permitió el descubrimiento de memorias de juego y sonrisas con su padre. El acceso a otros canales de información y memorias nítidamente positivas permitió que las creencias personales de falta de valía y no sentirse querida fueran perdiendo fuerza y pudieran instalarse creencias positivas.

Igualmente trabajamos los detonantes o "disparadores" que le producían angustia, tanto los del presente como gestante, como los del futuro en tanto que madre.

A lo largo de los cuatro meses de tratamiento, Ana fue recobrando la seguridad en sí misma y se fue afianzando como futura madre. Pudo acceder a los recuerdos a los que no era capaz de llegar anteriormente sobre su madre, su padre y su infancia y pudo generar unas representaciones confortables y fiables sobre sí misma como madre, lo que le permitió disfrutar de su embarazo y liberarse de la angustia. Hoy es madre de una niña de 5 años que se siente segura junto a Ana, su madre.

3.6. El gran aliado del pegamento emocional: la lactancia

Hemos llegado a ese *periodo neonatal* (los primeros 28 días de vida) de especial sensibilidad empujados y guiados por la biología, y la biología va a seguir siendo nuestra aliada. Si el parto ha llegado a término y no ha sido medicalizado, el recién nacido va a recuperarse más fácilmente del estrés del parto que le llega a través del cordón umbilical. Si por ende es colocado piel con piel junto a su madre aún se regulará mejor. El contacto, el tacto y el olor son un potente estimulador vagal implicado en el sistema de interacción social y extraordinario calmante (Porges, 2011). Y si además de esto succiona el pezón materno, el ejercicio reflejo de succión va a relajar tanto al bebé como a la madre. La madre también vive un momento especial. El postparto ha aumentado la sensibilidad de la piel de la aureola, y la succión del recién nacido da lugar a la secreción de oxitocina materna. Esto contribuye al bienestar y al acceso del amor biológico de la madre hacia el bebé (Porter, 2004), al mismo tiempo que tiene efectos antiestrés y relaja a la madre lactante ayudándole a tolerar mejor el cansancio propio de la crianza.

Si alentamos la lactancia en ese periodo sensitivo especial, estamos ayudando a recuperarse tanto a la madre como al recién nacido del estrés del parto y estamos propiciando el desarrollo continuo de la sincronía materno-filial (Winberg, 2005) que persistirá todo el tiempo que dure la lactancia materna.

Está bien que recordemos que la OMS (Organización Mundial de la Salud) y UNICEF recomiendan lactancia materna exclusiva hasta los 6 meses y junto con otros alimentos hasta más allá de los dos años, siempre y cuando la madre y el bebé o el niño así lo deseen. Por otra parte, la antropóloga Dettwyler estima que la duración fisiológica de la lactancia en la especie humana oscila –impresiona solo pensarlo– entre dos años y medio y los siete años de vida. Es un margen muy amplio, de 2,5 hasta 7 años, pero encaja con la noción de la adaptabilidad de los humanos que viven en una variedad de ambientes, y que tienen creencias y prácticas culturales que afectan su dieta y su salud (Dettwyler, 1995).

Mírame, siénteme
cristina cortés viniegra

Todos los mamíferos presentan desde el nacimiento una secuencia comportamental que les lleva al inicio y mantenimiento de la lactancia. Ha sido sorprendente descubrir que es el comportamiento de la cría el que induce a los cuidados de la madre, no al revés (Rossemblat, 1994). No obstante la lactancia es un comportamiento frágil y transitorio, que puede ser alterado por cualquier circunstancia (Alberts, 1994) y perderse con facilidad.

Entendemos "hábitat" como el entorno que satisface las necesidades de un organismo. Se consideran cuatro necesidades básicas: oxígeno, calor, alimento y protección. El recién nacido tiene cubiertas estas cuatro necesidades en el contacto con la madre, por lo tanto el cuerpo de la madre es el hábitat natural del recién nacido (Bergman, 2005; Winberg, 2005), y la lactancia es el comportamiento pre-programado para ese hábitat natural.

Si observamos a un recién nacido en su hábitat natural, el cuerpo de la madre está preparado por sí solo para cubrir estas cuatro necesidades del bebé de manera espontánea. La oxigenación mejora en contacto piel con piel (de hecho se utiliza para regular angustias respiratorias). Del mismo modo se regula la temperatura corporal. Igualmente, el recién nacido accede por sí mismo, espontáneamente y según necesidad al alimento, al pecho. Esta estimulación táctil, corporal, también ayuda a la madre; cambia la conducta maternal (Winberg, 2005). Este contacto estrecho e íntimo induce las conductas de cuidado y protección en la madre.

No cabe duda de que la conducta humana no puede ser explicada solo desde la biología, y aunque podamos hablar de programas biológicos todo esto puede ser modificado por la experiencia y a su vez estar impregnado por el ecosistema de cada entorno de crianza.

La aparición de los mamíferos supuso una nueva clase de vertebrados con nuevas exigencias que requerían mucho más que la producción de leche, iban a ser precisos cambios metabólicos, sociales y conductuales. La biología que siempre economiza, encontró la forma de que fueran las mismas hormonas que producen la leche las que generasen los cambios que facilitarían las conductas maternales.

A partir de aquí la lactancia va a promover toda acción ligada al cuidado de la cría, y además aumenta el umbral de tolerancia al estrés en los mamíferos. Las madres que lactan describen esta fase como un periodo caracterizado por un estado de mayor bienestar y de menor ansiedad, en la mayoría de los casos, (Carter y Altemus, 1997) y acompañado de interacciones más positivas con sus bebés, propiciándoles más caricias y sonrisas, que aquellas que utilizan lactancia artificial (Duna J. & Richards, 1977). La lactancia natural facilita un mayor contacto físico y limita al suministrador de la leche; este solo puede ser la madre.

En el primer mes después del parto se ha observado que las madres lactantes muestran una mayor activación en áreas cerebrales tales como la circunvolución frontal superior, la ínsula, el cuerpo estriado, y la amígdala mientras escuchan el llanto del bebé, en comparación con las madres que los alimentan con lactancia artificial. Los resultados sugieren una relación entre la lactancia materna y una mayor respuesta de la madre a las señales del lactante. Esta relación se observa en las regiones del cerebro implicadas en la unión y empatía entre madre e hijo durante el postparto temprano (Kim et al., 2011).

A aquellas madres que alimentan a sus hijos con lactancia artificial, sería bueno recomendarles que esta se asemeje lo más posible en el modo y la forma a la lactancia natural y que propicien tantos estímulos físicos y táctiles entre ellos como sea posible, ya que estos tienen una gran relevancia para el futuro neurodesarrollo del cerebro del recién nacido.

Cuando el feto está en el útero está siendo alimentado constantemente a través del cordón umbilical, en claro contraste con lo que ocurrirá en cuanto nazca. Al nacer el bebé va a ser alimentado intermitentemente, y en las primeras semanas y meses de vida la alimentación consume gran parte del tiempo del que dispone cuando está en el estado de vigilia. La alimentación es realmente importante y determinante por la riqueza estimular que supone. El hecho de ser alimentado, en sí mismo, es una fuente de ricos estímulos, en los que intervienen y se comprometen todo su cuerpo, todo su ser (Winnicott, 1968).

Además de amamantar, existen muchas formas de buscar y propiciar intimidad física con el bebé. Alimentar a un bebé es siempre gratificante independientemente del modo en que se realice. Cuando la mujer puede utilizar una parte de su cuerpo para este fin, esta disposición está íntimamente relacionada con sus propias experiencias cuando era un bebé (Winnicott, 1968), con el entorno, el estrés y los apoyos que cuenta a lo largo de todo este proceso, y con sus experiencias relacionales. Cuando una mujer no puede amamantar a su bebé, sea por la causa que sea, hay que respetarlo y no forzarlo, porque hay otras muchas formas de propiciar el vínculo con el bebé.

Los humanos nacemos preparados biológicamente para establecer interacciones coordinadas desde las primeras horas de vida, se produce una organización rítmica y repetitiva de la interacción cara a cara mamá-bebé y una cuidadosa adaptación de cada individuo a los ritmos del otro (Brazelton, et al., 1974, Tronik, 1989).

El llamado apego o vinculación materno-filial es la conexión más poderosa e instintiva que existe entre una madre y su hijo. Constituye el auténtico pegamento emocional que le permite a la madre disfrutar y realizar las agotadoras tareas que supone y exige la crianza (Klaus y Kennell, 1976). Es un vínculo biológico, psicológico y emocional. Está predeterminado biológicamente y se dará espontáneamente a no ser que algo grave lo impida. Una madre hará enormes esfuerzos por vincularse. Incluso frente a la separación o el trauma, la madre buscará diferentes vías, caminos que propicien esa vinculación. Si estos obstáculos no son superados, terminan generando problemas de vinculación (Klaus, 2004).

Ejercicio

- Seguimos interiorizando y reflexionando.
- Os propongo unas preguntas sobre los primeros recuerdos que tenéis respecto a vuestros hijos.
- Dirigido tanto a los padres como a las madres.
- ¿Recordáis cómo fue la experiencia de ir sintiendo afecto y el cariño hacia vuestro recién nacido?
- ¿Qué emociones surgen en vosotros al intentar contactar con esos recuerdos?

el apego: el pegamento emocional

- ¿Sentís que habéis hecho lo que teníais que hacer, cada uno en vuestro rol, o por el contrario creéis que algo no se dio y que puede estar aún pendiente?
- ¿Qué emociones se despiertan en vosotros al pensar en vuestros hijos?
- Si tenéis más de un hijo, ¿ha resultado igual de fácil la vinculación con cada uno de ellos?
- ¿A qué creéis que pueden deberse las diferencias?
- Si aún no sois padres y pensáis en serlo, ¿cómo proyectáis vuestra futura relación con vuestro hijo? ¿Esta proyección puede estar condicionada por vuestras propias experiencias infantiles?

4
Más pegamento emocional: ¡más nunca es menos!

El sentimiento de seguridad no es una condición natural sino un camino potencial de desarrollo, que puede o no ser recorrido.

John Bowlby

4.1. La casa iba cambiando

La casa se iba transformando conforme Eneko crecía. Acababan de colocar protectores para las esquinas de la mesa del salón.

Tan solo habían pasado cinco días desde que Eneko se sorprendiera a sí mismo. Lidia mantenía ese momento en la retina de sus ojos y cada vez que lo recordaba sonreía. Eneko se había puesto de pie y sostenía entre sus manitas un globo de color amarillo, al que se aferraba apasionadamente. Daba pasos vacilantes sintiéndose apoyado y sostenido por el globo, aunque este estaba en el aire. Cada vez se iba desplazando con más seguridad y, de repente, de forma imprevista, el globo se resbaló de entre sus manos. Eneko siguió caminando, cuando de pronto, se dio cuenta de que estaba andando sin sujeción y volvió al suelo. Rápidamente, se puso a gatear en dirección al globo amarillo. Antes de llegar hasta el globo, se detuvo, se incorporó de nuevo y se lanzó a andar sin sujeción en dirección a Lidia, consciente de su conquista recién alcanzada. Lidia lo cogió en brazos y juntos celebraron entre besos y risas su triunfo.

A lo largo de estos meses Eneko ha ido descubriendo su cuerpo. De forma ocasional y no premeditada, se ha dado por primera vez, la vuelta por sí mismo; primero de boca arriba a boca abajo y posteriormente al revés. Estos movimientos, más tarde, son buscados por el niño de manera intencionada, y en un momento dado, al estar boca abajo, descubre que se puede desplazar y alcanzar los objetos que llaman su atención. Así puede disfrutar del suave dinosaurio, o de la llamativa pelota, al mismo tiempo que saborea el logro de haber alcanzado el preciado objeto.

Desde el momento en que Eneko comienza a arrastrarse, Lidia y Mikel van viviendo todas las conquistas de Eneko en su desarrollo como una carrera imparable que terminará en la meta de la autonomía.

Así llegó el gateo, y con él, el agarre de miguitas de pan o pequeños tesoros diminutos e insignificantes que mostraba a sus papás, y que todos festejaban y disfrutaban con alegría.

Y por fin, acababa de comenzar a andar y podía moverse con una libertad recién conquistada. Con las manos libres para agarrar, abrazar, disfrutar.

Se abría ante él un mundo en el que se puede mover y además, se puede comunicar. El lenguaje ha ido desarrollándose al mismo tiempo y comienza a nombrar lo que quiere. Entre sus palabras favoritas están "mamá, mamá", "papá, papá".

Lidia y Mikel no solo han sido testigos de todas estas grandes hazañas madurativas, sino que además, sin ser plenamente conscientes de ello, han permitido y alentado esta exploración; estando presentes, encontrándose con los ojos de Eneko, sonriendo, conteniendo, acompañando e incluso poniendo el límite seguro, diciendo "no" cuando había que decir "no". Tolerando el llanto de Eneko ante la contradicción y el malestar, calmándolo activamente con el abrazo que envuelve su aún diminuto cuerpo, con la sonrisa en la mirada, con el contacto afectivo. Propiciando la acogida y el cuidado del pequeño explorador, que puede terminar exhausto.

Así, Eneko ha podido descansar apaciblemente en el regazo de su madre, pegado a su piel, enganchado a su pecho. Y poco a poco, ha comenzado a diferenciarse del cuerpo de Lidia, en la medida en que ha ido manejando con dominio y control su propio cuerpo.

El cuidado, la ternura, el sentirse visto, mirado, acunado por las atenciones de su madre y de su padre han permitido que el descubrimiento del mundo no se le haga hostil ni peligroso. Y sin saberlo comienzan a cimentarse en Eneko creencias como: puedo conseguirlo, el mundo es seguro, etc.

4.2. ¿Cómo se desarrolla la seguridad?

La investigación en el campo del apego nos amplía la comprensión sobre el desarrollo de la seguridad y confianza en uno mismo, como resultado de las relaciones establecidas con los padres.

El apego es el vínculo emocional entre dos personas. Sin embargo, los primeros apegos en la vida son los más importantes, pues constituyen el marco de referencia para todas las relaciones futuras.

Los niños que cuentan con un modelo de apego que les transmite seguridad tienen enormes ventajas en la vida. Lo podemos considerar el mejor "superpoder" de los héroes con los que sueñan nuestros hijos.

Ese vínculo afectivo les va a aportar la capacidad de desarrollarse, sintiéndose bien consigo mismos y con los demás. Van a ser capaces de modular y calmar su malestar cuando las cosas no salen como esperan; bien buscando consuelo y ayuda en los otros o calmándose ellos mismos.

Estos niños, a medida que vayan creciendo, serán capaces de abrirse al mundo y de crear relaciones sanas y cercanas con los demás, de manera natural. A través de las relaciones que han establecido con sus padres, y como reflejo de la forma en que han sido vistos, sostenidos y alentados, han tenido la fortuna de poder interiorizar creencias auto-referenciadas del tipo: "merezco ser querido", "valgo", "soy capaz de resolver problemas", "aunque las cosas salgan mal, yo soy capaz", "puedo equivocarme", "estoy a salvo".

Los niños que no cuentan con modelos de apego seguro de sus padres, es decir, aquellos que no han sido calmados y sostenidos cuando han sentido perturbación o malestar; bien sea porque sus necesidades básicas no se han cubierto, bien porque no han sido consolados cuando se han caído o cuando no han logrado sus pequeños objetivos, o bien cuando su malestar ha pasado inadvertido, tienden a crecer sintiéndose inseguros, con dificultades para manejar la ansiedad, el enfado o la rabia cuando no obtienen lo que esperan, o cuando las cosas van mal. Tienden a desconectarse y/o enfadarse y les cuesta adaptarse a las diferentes situaciones. Las creencias auto-referenciadas que desarrollan sobre sí mismos son del tipo: "no valgo", "las cosas salen mal", "estoy en peligro", "nadie me entiende", "no soy visto".

4.3. Ingredientes básicos para un apego seguro

Siegel recoge e integra cinco ingredientes básicos para que los cuidadores puedan fomentar el apego seguro (Siegel, 2007).

El primero sería la **colaboración**. Este principio sostiene que las relaciones sólidas se construyen en un contexto donde se posibilita una comunicación en colaboración. La reacción ante la mirada, la expresión del rostro, el tono de la voz y los movimientos corporales son aspectos fundamentales de esta comunicación no verbal, donde se van produciendo respuestas sintónicas entre ambos, lo cual permite la creación de un vínculo entre dos mentes en un nivel básico de emociones. La transmisión de estas señales no verbales, produce una conexión, una resonancia entre las personas. Así cada persona puede llegar a «sentirse sentida» por el otro (Siegel, 2007).

Las conductas que promueven este contacto físico afectivo, tales como: mecer, acunar, arrullar, besar, abrazar, hablar con suavidad, entonar la voz con calidez o mirar a los ojos proporcionan al bebé la experiencia de pertenecer a un cuerpo, de estar en tierra conocida y segura sobre el pecho de su madre. Todas estas conductas son claves durante el primer año de vida.

El niño que ha sido mirado a los ojos por su madre o cuidador con embelesamiento, a la vez que es acogido, mecido y atendido en sus brazos, será luego capaz de sentirse cómodo mirando a los ojos de los demás. Esta corriente físico-afectiva debe mantenerse en la niñez, adecuándose a cada etapa evolutiva.

El segundo ingrediente es el **diálogo reflexivo**. Los padres o cuidadores reconocen las señales que envía el bebé, luego niño, e intentan captarlas en sus propias mentes y darles un sentido, con el objetivo de comunicarse con el bebé y más tarde con el niño. De esta manera se establece un «significado», para el niño (Siegel, 2007). Esto constituye la visión mental o sintonía emocional. Los bebés, luego niños, se sienten vistos y sentidos cuando perciben que sus emociones son vistas y tenidas en cuenta por sus padres. Experimentan la sensación de que los padres pueden ver "más allá", y que sin mediar palabra, el padre o cuidador sabe lo que él está viviendo. El cuidador sintónico, cubre la necesidad del bebé y la hace explícita.

Las madres "suficientemente buenas", como diría Winnicott, no solo cubren las necesidades físicas; véase, alimento, higiene, sueño y demás aspectos básicos del cuidado del niño. A medida que las mamás van cubriendo estas necesidades, además, van calmando al bebé cada vez que se activa porque tiene hambre, está incómodo, dolorido, etc.

En este diálogo; "el bebé tiene hambre", le damos de comer; "tiene frío", "no pasa nada, lo tapamos y ya está calentito", el niño descubre su mundo interior y a la vez, el mundo exterior; y a medida que crece, va mentalizando sus emociones. Intercambios como por ejemplo: "parece que no te ha gustado no poder salir de excursión y que por eso estás enfadado"; o "se te ve muy satisfecho con lo que acabas de lograr" ayudan al niño a poner palabras a las emociones que experimenta y a que se haga consciente de ellas. Y le enseñamos también a mentalizar al otro, a darle un sentido a lo que el otro puede estar sintiendo y comprender por qué actúa como actúa.

El tercer ingrediente es la **reparación**. Esa comunicación armoniosa ideal, se verá, antes o después, suspendida inevitablemente. Y esa ruptura es la oportunidad para que se produzca la reparación. "La reparación es necesaria y saludable porque enseña al niño que la vida está llena de malentendidos, de momentos de tensión y de conexiones no logradas, que se pueden identificar y reconducir para volver a crear la conexión" (Siegel, 2007).

Según Schore (2001), la posibilidad de experimentar el reencuentro después de haber experimentado estados afectivos negativos, tal como ocurre típicamente en el proceso de disrupción-reparación, es fundamental porque le enseña al niño de modo no-verbal e implícito, que las emociones negativas y el malestar consecuente a las mismas, pueden ser toleradas y transformadas nuevamente en conexión y sintonía.

El cuarto ingrediente es la **narración coherente**. La conexión entre pasado, presente y futuro es uno de los procesos centrales de la mente en la creación del yo autobiográfico y de la conciencia del yo a lo largo del tiempo (Siegel, 2007).

Los cuidadores enseñan a los niños qué es el mundo del yo y qué es el mundo del yo de los otros. Para ello, construyen con ellos historias acerca de los acontecimientos y situaciones vitales (Siegel, 2007). Narrativas centradas tanto en la acción, como en las emociones, sensaciones y creencias que han acompañado a la acción en esas situaciones.

Se trata de narrar, contar, disfrutar de los sucesos entrañables, tolerar y dar sentido a los perturbadores. No quedarnos solo en la acción, sino recuperar también sensaciones, emociones y creencias ligadas a los sucesos. Contar y recontar la historia de vida, el momento en que llegó a la barriga de mamá, el instante en que nació, la alegría de verlo por primera vez, la primera vez que mantuvo el equilibrio con la bicicleta, el día que lo operaron de anginas, etc. Entonces ellos, los niños, nos solicitan; "cuéntame otra vez cuando nací", "cuéntame otra vez cuando dije papá por primera vez", "cuéntame cuando aprendí a nadar". Algunos van más allá y lo interpretan, y esos eventos se convierten en parte de sus juegos, como por ejemplo "jugar a volver a nacer", "cuando se rompió la pierna" etc. Así se convierten en protagonistas de la acción y toman conciencia de las emociones que son compartidas en el recuerdo y en la re-experimentación. En este tipo de juego, el niño reelabora e introduce elementos nuevos. No es una mera repetición tal y como podemos encontrar en el juego traumático.

El quinto ingrediente, que ha impregnado a todos los demás, es la **comunicación emocional**. Los cuidadores, las figuras de apego pueden compartir y aumentar la alegre y positiva experiencia de vivir. Los momentos intensos son importantes para crear las bases de una actitud positiva hacia el yo y hacia los otros (Siegel, 2007). Amplificar la alegría y el bienestar, siendo copartícipes de ellos, con ellos. Los padres y niños disfrutan juntos cuando comparten juegos, bromas y risas. El disfrute mutuo incrementa el sentimiento de conexión del niño con sus padres. Igualmente importante es la capacidad de la figura de apego, de permanecer unida al niño en momentos de emociones desagradables (Siegel, 2007). Acompañar, tolerar y modular el malestar que experimenta el niño para que le resulte digerible. Esto significa que cuando el niño no puede manejar adecuadamente una situación, el cuidador sintónico permanece a su lado y maneja la perturbación sin escaparse de ella, sin pedirle al niño que se le pase, sea lo que sea. Le acompaña mientras vive las emociones dolorosas con él. Y de esta forma lo co-regula. Lo calma y le enseña a poder manejar el malestar y a que en el futuro se pueda calmar y regular por sí mismo.

"Por supuesto que te sientes mal porque se han reído de ti, y tienes todo el derecho a sentirte así, triste y enfadado… déjame que te abrace… ya ha pasado… estás en casa". Le acompañamos y no le pedimos que se olvide de lo ocurrido y se ponga a jugar. Le proporcionamos el espacio seguro para que pueda conectar con la tristeza y calmar su enfado. Le orientamos al presente para que no se quede secuestrado en el incidente. Le acompañamos, lo calmamos y no le pedimos que olvide "venga, no pasa nada", sin realizar una elaboración adecuada de lo ocurrido; y de esta forma, la próxima vez que le ocurra algo de nuevo recurrirá a nosotros y nos contará lo sucedido.

En caso contrario, terminará por no pedir ayuda ni contarlo, e intentará manejar las situaciones dolorosas en soledad o desconectándose de ellas.

Así, el niño percibe el entorno como algo consistente, predecible y seguro, donde uno puede permitirse ser vulnerable, abierto y confiado con sus padres y por ende con los demás.

4.4. Obstáculos al apego seguro

Todos los bebés están biológicamente programados para apegarse a sus padres. La calidad de este apego va a depender de la calidad y cantidad de las experiencias de cuidados vivenciados en un periodo crítico (Bowlby, 1969, 1973, 1980).

No todos los niños desarrollan vínculos seguros. Hay varias situaciones que pueden interferir en el desarrollo de un vínculo adecuado. Cuando la danza interactiva y recíproca entre el cuidador y el bebé se interrumpe o dificulta, es difícil mantener las experiencias de vinculación. Las interrupciones pueden ocurrir debido a problemas primarios con el niño, el cuidador, el ambiente o el acoplamiento entre el bebé y su cuidador (B. Perry, 2014).

Entre otras dificultades, las gestaciones complicadas, los partos difíciles, la prematuridad, las complicaciones postparto, como dolor crónico o separaciones debidas a hospitalización, propician una exposición temprana al estrés. La exposición a esta activación nerviosa puede dar como resultado estados de mayor agitación, crispación y nerviosismo en los bebés. Y ello propicia bebés con patrones arrítmicos de sueño, difíciles de calmar, que solo se sosiegan en brazos o lactando. También nos podemos encontrar con lactantes en los cuales esa exposición a la hiperactivación ha sido excesiva y han pasado a un estado de conservación y mantenimiento de la energía. Esto puede derivar en bebés que durante el primer año duermen excesivamente y no demandan atención, respondiendo de forma pobre a la interacción o estimulación. Con niños así, los padres pueden tener dificultades para conectar con ellos física o emocionalmente. Los primeros pueden requerir tanta atención que agotan al sistema familiar. Y los segundos, por falta de demanda pueden verse privados de toda la atención que necesitan, que es mucha.

Por otro lado, en nuestra sociedad cada día es más frecuente que los padres vivan en circunstancias muy estresantes y no dispongan ni de tiempo ni de energía para dedicar a sus hijos la atención que estos requieren. Nos podemos encontrar con progenitores que están envueltos en sus propias dificultades, que arrastran sus propios traumas sin resolver de su historia personal. Y ese sufrimiento impide que estén disponibles emocionalmente. Pueden estar tan preocupados en la resolución de sus problemas y en estados de supervivencia o shock, que no pueden sintonizar ni con las necesidades ni con las emociones de sus hijos.

CASO Num. II
Nerea no concilia el sueño

Nerea acaba de cumplir 8 meses y sus padres, Alicia e Iñaki, están desesperados. Desde que ha nacido no consiguen dormir más de dos horas seguidas.

El embarazo de Nerea fue de riesgo. La madre estuvo los tres últimos meses en reposo por contracciones y peligro de parto prematuro. El parto terminó en cesárea porque se registró sufrimiento fetal. Nerea estuvo bajo observación 24 horas. Desde entonces Nerea llora constantemente. Solo se calma cuando es amamantada, tiene ciclos de sueño muy cortos y solo consigue dormirse en los brazos de su madre. Los padres están exhaustos y muy crispados. La relación entre ellos se está resintiendo y llegan a la consulta de nuestro gabinete sin saber muy bien qué hacer. La madre siente que no vale como madre, solo quiere estar lejos de su hija.

Tratamiento psicoterapéutico: sentido común, primero descanso y luego sesiones de EMDR.

Explicamos a los padres cómo su hija ha estado expuesta al estrés gestacional que han experimentado ambos por la amenaza a perder el feto. Ya habían tenido dos abortos anteriormente y Alicia nos explica que soñaba una y otra vez con la posible pérdida. Esto le angustiaba enormemente. Nerea ha estado expuesta a la sobreactivación materna en el útero.

Las hormonas crean en el feto estados fisiológicos correspondientes a los estados emocionales maternos. El feto ha compartido los estados emocionales de su madre y estos son especialmente influenciables a lo largo del último trimestre.

Además de esto, el parto y el postparto han sido traumáticos. Esto ha propiciado el nerviosismo de Nerea. Es entendible, por tanto, que se muestre alerta; no es capaz de relajarse ni cuando está siendo amamantada, suelta el pezón ante cualquier pequeño ruido, se voltea inquieta y retoma el pecho.

Les hacemos entender que llevan 4 años sometidos a un estrés enorme, a lo largo de los cuales han vivido dos abortos, una gestación de riesgo y un parto traumático. Y además, han sido sometidos a la privación de sueño durante 8 meses, lo cual se puede considerar una tortura.

El sistema nervioso de Nerea es incapaz de relajarse por sí solo y precisa de la calma y del sosiego de su cuidador para poder ir calmándose poco a poco. De hecho, ambos padres reconocen que en la medida que ellos están más tranquilos Nerea se duerme antes y descansa mejor.

El padre ha consumido todas las vacaciones laborales y está comenzando a tener problemas en el trabajo debido al cansancio que arrastra.

Buscamos la solución más idónea para que ambos puedan descansar y recuperarse, dadas sus circunstancias.

Alicia y la niña se trasladan a casa de los abuelos maternos en un entorno rural a escasos kilómetros de su residencia habitual. Durante la semana se dedican a descansar y Alicia permite que la cuiden y que sea la abuela la que duerma a la niña. Los fines de semana las visita el padre y comparte los cuidados de la bebé.

Ambos padres comienzan a recuperarse del agotamiento, volviendo a ilusionarse por estar juntos y cuidar a la bebé. Y la niña comienza a alargar los ciclos de descanso.

Estuvieron conviviendo de esta forma durante tres meses. En ese periodo mantuvimos cuatro encuentros con Alicia y la bebé.

En el primero le enseñamos a Alicia a relajarse. Así pudo tener la experiencia de sentirse tranquila y percibir a su vez igualmente tranquila a su bebé en su regazo. Instalamos en Alicia esta capacidad, recién descubierta, de relajarse y de relajar a Nerea, mediante la técnica de *instalación de recursos* de EMDR, e instalamos igualmente ese estado de calma y placidez en la bebé mediante *taping* (ligeros golpecitos alternos en las manitas).

En la siguiente sesión nos centramos en los recuerdos asociados al primer aborto. La peor imagen del hecho es cuando el ginecólogo les notifica que han perdido al feto. El recuerdo iba acompañado de la creencia negativa; "no valgo como mujer, no valgo como madre, no sirvo para nada".

Esta idea irracional le había acompañado durante los últimos meses. No podía acceder a una creencia positiva de sí misma. La idea de que era una buena madre era para ella inverosímil.

Al evocar ese recuerdo sentía una gran tristeza y angustia localizadas en el pecho y el estómago.

A lo largo de la sesión, en la medida que íbamos realizando sets de estimulación bilateral con movimientos oculares, Alicia fue accediendo a los recuerdos asociados a este suceso. Inicialmente aparecen la tristeza y la angustia por la pérdida del primer y segundo feto. Y a continuación surge el cansancio que sobrevino tras el segundo aborto.

Alicia sentía ese agotamiento en todo su cuerpo. Le pedimos que se permita sentir todo lo que le llega.

Y poco a poco comenzaron a aparecer memorias positivas, tales como la ilusión y la alegría de su primer embarazo, o la satisfacción de tener a Nerea en brazos.

Se podía ver a sí misma paseando y meciendo a Nerea mientras la calmaba y la sosegaba. Recordaba momentos intensos y plenos cuando le daba el pecho y Nerea caía en un ligero sueño.

De forma espontánea la mente de Alicia le mostraba imágenes y recuerdos donde había actuado con diligencia y sensibilidad como madre y como mujer.

> Poco a poco el malestar se fue disolviendo y el acceso a memorias positivas le permitió sentir como cierta la creencia de que; "soy una buena madre, valgo como madre y como mujer", "soy válida".
>
> Este redescubrimiento sucede con Nerea en sus brazos, mientras la abrazaba y la besaba. Nerea era partícipe del bienestar y goce de Alicia, a través de su cuerpo.
>
> A partir de aquí, en las siguientes sesiones, nos centramos en las dificultades a la hora de volver a casa, así como en la angustia ante los problemas que Alicia presuponía en la futura crianza de Nerea.
>
> Durante este tiempo, Nerea había conseguido dormir casi 6 horas seguidas. Se mostraba más relajada y calmada y sus tomas también habían mejorado. Estaba ganando un peso apropiado y los padres la percibían más contenta y receptiva. Sus padres eran capaces de manejar con confianza y serenidad su crianza. Y en los ojos de Nerea se podían reflejar las sonrisas y la alegría de Alicia.

4.5. El feto en el último trimestre del embarazo es más sensible a las experiencias maternas

Tras el atentado del 11 de septiembre en Nueva York, tanto Rachel Yehuda como Jonathan Seckl investigaron el impacto de este hecho en mujeres que estaban embarazadas en aquel momento y que habían formado parte de la tragedia (Yehuda, 2000, 2003).

Se dedicaron a estudiar los efectos que el 11-S causaría en los niños que nacieran de madres que desarrollaron trastorno de estrés postraumático como respuesta a lo sucedido aquel día.

De alrededor de 187 mujeres, la mitad desarrollaron trastorno de estrés postraumático. Y al examinarlas, descubrieron que tenían una cantidad anormal de cortisol en la saliva. Al exponerse a un suceso estresante la persona produce cortisol, la hormona que nos ayuda a regular la respuesta del cuerpo ante el estrés. Sin embargo en el estrés postraumático cuando este se prolonga en el tiempo, se encuentran niveles anormalmente bajos de la hormona del cortisol, lo cual dificulta el afrontamiento a la situaciones estresantes.

Comprobaron que esos efectos traumáticos se transmitían químicamente, a los hijos.

Estudios anteriores con descendientes del **Holocausto** habían mostrado que los descendientes de estas personas padecen una modificación genética que disminuye los niveles corporales de cortisol.

Las investigaciones previas de Yehuda habían encontrado que los descendientes de estos prisioneros contaban con altos niveles de las enzimas encargadas de la degradación del cortisol. La investigación realizada con las gestantes del 11-S mostraba que ese fenómeno comenzaba a producirse desde el útero.

Se encontró que no solo los niños tenían unos niveles anormalmente bajos de cortisol, sino que eran diferentes dependiendo del mes de gestación en el momento exacto del 11-S.

Los efectos más importantes solo se observaron en aquellas madres con estrés postraumático que estaban en los últimos tres meses de su embarazo.

Esta y otras investigaciones han mostrado que la memoria genética de un suceso estresante puede trasmitirse a través de las generaciones y que el último trimestre del embarazo es cuando el feto es más vulnerable a los estados maternos.

4.6. El primer año, clave para reducir los niveles de cortisol y del estrés

El recién nacido muestra una respuesta de cortisol altamente reactiva a los estresores en el momento del nacimiento (Gunnar, 1992b). Sin embargo, esta reactividad se va diluyendo gradualmente durante el primer año de vida, y parece depender fundamentalmente de la calidad del cuidador (Gunnar y Donzella, 2002; Gunnar y col., 1989; Spangler y Grossmann, 1993).

Diferentes investigaciones enfatizan la importancia de la atención y los cuidados del cuidador principal para que se puedan expresar una gran variedad de genes implicados en la función reguladora del estrés que se mantienen en la vida adulta y se transmiten a las siguientes generaciones. (Coplan y col., 1996; Francis y col., 1999; Liu y col., 1997; Weaver y Meaney, 2000). Los niños necesitan experiencias de apego positivas para poder desarrollar la regulación del afecto (Schore, 2003).

En bebés con una predisposición temperamental a respuestas intensificadas ante el estrés, la calidad del cuidado, la receptividad, la sintonía y la afectividad del cuidador a las señales del bebé pueden disminuir esas predisposiciones genéticas y ampliar su capacidad de regular el malestar.

4.7. Apego: el impulso para la exploración

Hay estudios que han demostrado que niños con temperamentos ansiosos o inhibidos no mostraban un incremento del cortisol (la hormona del estrés), ante acontecimientos novedosos (la novedad supone incertidumbre y estrés) en un laboratorio, si permanecían acompañados por un cuidador con el que habían establecido una relación segura. Sin embargo, mostraban elevaciones de cortisol si estaban acompañados por un cuidador con el que no tenían una relación segura (Nachmias y col., 1996).

Parece ser que un sistema de cuidado sintónico y receptivo puede funcionar como un amortiguador de las respuestas ante el estrés en el bebé y el niño pequeño. Diversas investigaciones han demostrado que niños con apego seguro poseen estrategias para comunicarse con el cuidador y para reducir el estrés. Y de esta forma, cuando se exponen a situaciones novedosas, apenas se incrementan sus niveles de cortisol ante el desafío, y esto permite que lo manejen de manera más saludable.

Por el contrario, los niños que no establecen un apego seguro se ven sometidos a una doble tensión. Por un lado, deben manejar las respuestas fisiológicas ante la situación estresante. Y por otro, no llegan a tener estrategias adecuadas para lograr el consuelo del cuidador, o bien los cuidadores no responden ante las demandas para calmar el malestar del niño. (Spangler y Grossmann, 1999).

Si el niño puede recurrir a sus padres para amortiguar el vértigo de la novedad y ha tenido un adecuado desarrollo en el suelo se lanzará a explorar su cuerpo, el entorno inmediato y el espacio de alrededor. Disfrutará del juego y de la aventura.

Ejercicio

- ¿Puedes recordar una situación en la que tu hijo o hija haya llorado o haya tenido un problema, y conectar con las emociones y las respuestas que se activan en ti? ¿Eres capaz de acompañarlo en su llanto? ¿No lo toleras y esperas que se le pase lo antes posible? ¿Recurres al tiempo fuera y le pides que vuelva cuando se calme?
- Cualquiera que sea tu respuesta, ¿puedes intentar mentalizar el efecto que tiene esa respuesta en tu hijo?
- Intenta recordar alguna situación que fue dolorosa para ti e intenta acceder a la respuesta que tuvieron tus padres, ¿te ayudó a sentirte mejor? o por el contrario ¿su respuesta amplificó tu malestar?
- ¿Solías recurrir a su ayuda cuando te encontrabas mal?

5
Tipos y consistencia del pegamento emocional (apego)

Los juegos infantiles no son tales juegos, sino sus más serias actividades.

Michel Eyquem de la Montaigne (1533-1592)

5.1. La danza regulatoria

Eneko tenía cerca de dos años y medio. Corría velozmente con el triciclo, sintiendo el aire y su poderío, y se volvía fugazmente buscando la mirada de Mikel y de Lidia. El cruce de miradas producía un destello de seguridad. Ese sentirse bajo la mirada de papá y mamá le animaba y le permitía seguir su veloz carrera y alejarse cada vez un poco más. Y como no podía ser de otra forma, en esta excitación y confianza creciente, Eneko se cayó. Sus padres se acercaron con premura y sin alarma. Sabían que simplemente era una caída, propia de la edad y la exploración, «caídas madurativas» como las llamaban entre ellos. Eneko alzó los brazos y se echó a los brazos de su madre, atrayéndola hacia sí. Mientras Lidia lo calmaba y se cercioraba de que no le había ocurrido nada serio, Eneko se abandonaba sobre el cuello y los brazos de su madre. Cuando tuvo suficiente y se sintió recobrado, empujó suavemente para soltarse del confort del pecho de Lidia. Miró a su madre a los ojos, se soltó, se giró hacia Mikel sonriéndole con la mirada y volvió al triciclo. Podía retomar de nuevo el riesgo y el placer del juego.

Esa danza interactiva de 5 pasos (Milton, 2012) la habían vivido innumerables veces a lo largo de estos dos años. Primer paso, alzar los brazos pidiendo protección. Segundo paso, si los brazos son atendidos, atraer y buscar el sosiego, permitir que el cuerpo de Eneko se amolde al cuerpo de sus padres. Tercer paso, apoyarse, abandonarse al contacto, al confort. Hallar refugio en la calidez del contacto corporal para que el incesante explorador pueda recuperarse. Y así poder relajarse, ser calmado, reconfortarse en los brazos donde se detiene el tiempo, para pasar al cuarto paso, y empujar, separándose de la madre. Y cuando ha tenido suficiente, finalmente, el quinto paso; soltarse, liberarse y sentirse libre para seguir su camino.

A lo largo de estos dos años, tanto Mikel como Lidia habían ido tomando conciencia de que esa danza, repetida una y otra vez, conducía a Eneko a la autonomía y al auto-sosiego; y que, conforme fuera creciendo iría requiriendo menos de ella, porque Eneko comenzaba a mostrar su capacidad de calmarse solo.

Íñigo acababa de descubrir la telaraña recién instalada en el parque. Se adentró en su conquista, comenzó a trepar y volvió su mirada buscando a papá. Su madre estaba trabajando y papá estaba demasiado ocupado atendiendo el móvil, para seguir las andanzas de Íñigo. Sin que nadie fuera testigo de su proeza siguió trepando. Un traspié le hizo perder el equilibrio y cayó al suelo aparatosamente. Alguien avisó a su papá, que corrió hacia él, gritándole. *"¡Cuántas veces te he dicho que no te alejes! ¿En qué estabas pensando? Eres un alocado..."*. Íñigo se tragó las lágrimas. Realizó un ademán de extender los brazos, que quedó inconcluso. Se levantó y arrastrando los pies, con la mirada perdida, siguió a su padre camino de vuelta a casa.

5.2. La importancia de las relaciones

Las relaciones humanas se pueden constituir de muy diversas maneras. No cabe duda de que las más intensas y las que provocan mayor sufrimiento o placer son las que se generan con la familia y personas amadas (Perry, 1999).

La capacidad para establecer, formar y mantener relaciones haciendo uso de ese pegamento, adhesivo emocional, es diferente en cada uno de nosotros (Perry ,1999). Y esa capacidad en gran medida depende de las primeras experiencias relacionales que hemos tenido en nuestra infancia.

Algunas personas no tienen ninguna dificultad en establecer relaciones espontáneamente, son capaces de amar, intimar y de dejarse amar y disfrutar con ello. Otras, sin embargo, no se sienten atraídas o no son capaces de establecer relaciones, ni las añoran. El hecho de encontrarse cerca de otros, el contacto ocular o físico, puede percibirse como algo amenazador o incómodo. No suelen tener muchas amistades, y sus relaciones familiares son distantes. E incluso nos podemos llegar a encontrar con personas que no han sido capaces de establecer o mantener ningún vínculo emocional.

Tanto la capacidad como el deseo o la motivación para crear relaciones emocionales están asociados a la organización y funcionamiento de áreas específicas del cerebro. El cerebro es el órgano que nos permite amar, sentir, relacionarnos o aislarnos. (Perry, 2014; Siegel, 2007).

Estos sistemas del cerebro humano que nos permiten relacionarnos, acercarnos a otros, intimar, etc. se desarrollan durante la infancia y primeros años. Las experiencias durante estos primeros y vulnerables periodos de la vida, son críticas en el moldeado de la capacidad para formar relaciones íntimas y emocionalmente saludables. (Perry, 1999; Siegel, 2007).

A pesar del potencial genético del ser humano para formar vínculos y apegarse, son la cantidad, la calidad, la intensidad de las experiencias en la vida temprana las que permiten la expresión de ese potencial genético. Existen unos periodos críticos en los cuales las experiencias de vinculación tienen que estar presentes para que los sistemas del cerebro responsables del apego se desarrollen normalmente (Perry, 2014; Siegel, 2007).

Dicha relación, vinculación, produce sobre todo seguridad, sosiego, consuelo, agrado y placer. La pérdida, o amenaza de pérdida, de la persona evoca una intensa angustia. La angustia de separación. El mejor icono de esa relación especial es la relación materno-filial.

La tarea esencial del primer año de la vida humana es la creación de un lazo seguro de apego, de comunicación emocional, entre el bebé y el cuidador primario.

Las investigaciones sugieren que "aprender cómo comunicarse representa tal vez el proceso más importante del desarrollo que tiene lugar durante la infancia" (Papousek & Papousek, 1995).

5.3. Asomándonos a la historia del apego

John Bowlby fue el primero en desarrollar una teoría a partir de los conceptos de la psicología del desarrollo, con el objeto de describir y explicar por qué los niños se convierten en personas emocionalmente apegadas a sus primeros cuidadores, así como los efectos emocionales que resultan de la separación (Fonagy, 2004; Oliva, 2004).

El psicólogo John Bowlby (1907-1990) trabajaba en instituciones con niños privados de la figura materna. Su observación y experiencia con niños separados de los cuidadores biológicos le condujo a formular la *teoría del apego*.

tipos y consistencia del pegamento emocional (apego)

Bowlby introdujo el concepto de sistema motivacional del apego, o sistema conductual que sirve para mantener al bebé y al niño cerca del cuidador. Esta proximidad física proporciona al niño la experiencia de «sentir seguridad» en el entorno.

Bowlby concluyó que los bebés están biológicamente predispuestos a apegarse a sus cuidadores y que las brechas o rupturas en las primeras relaciones de apego pueden dar lugar a inseguridad emocional y a problemas posteriores en el desarrollo de las siguientes relaciones (Bowlby, 1969, 1973,1979, 1980).

Los estudios de Bowly estuvieron influenciados por las investigaciones llevadas a cabo, en los años 50 por Konrad Lorenz (1903-1989) en gansos y ocas, quien descubrió que las crías de aves podían desarrollar un fuerte vínculo con la madre, o primera criatura que veían al nacer (estampación o instinto de impronta), sin que intervinieran conductas de suministro de alimento. El mismo Lorenz, en su investigación, acabó convirtiéndose en la "estampación" para varias nidadas de gansos; y una vez adultos, los gansos le seguían permitiendo el contacto y permanecer entre ellos.

Sin embargo, en realidad, fueron los experimentos de Harry Harlow (1905-1981) con monos, y su hallazgo de la necesidad universal de contacto lo que encauzó a Bowlby en la construcción de su *teoría del apego*. Los experimentos de Harlow consistieron en observar la diferencia de desarrollo entre crías de monos que eran alimentadas por madres adoptivas mecánicas de felpa y crías de monos que eran alimentadas por madres adoptivas metálicas de alambre. Dichos experimentos evidenciaron la necesidad del contacto en el establecimiento de la relación con la figura materna y la percepción de la seguridad. Aunque ambos grupos de monos eran igualmente alimentados por las monas mecánicas se observaron diferencias en el desarrollo de los monos. Los monos alimentados por las madres afelpadas, eran capaces de refugiarse en ellas ante el peligro y calmarse. Por otro lado, los monos criados por las madres de alambre metalizadas, ante el peligro, eran incapaces de encontrar una base segura en la figura materna y terminaban presas del pánico y desorganizados.

Mírame, siénteme cristina cortés viniegra

Posteriormente Mary Ainsworth (1913-1999), en su trabajo con niños en Uganda, descubrió que las diferencias en la calidad de las interacciones madre e hijo influyen y condicionan los estilos de formación del apego. Desarrolló el experimento de la situación extraña, a partir del cual, se evidencian diferentes estilos y modelos de apego.

Mary Main enriqueció la investigación sobre apego al descubrir una intensa relación, que llega a alcanzar el 75%, entre la forma en que la figura de apego describe sus relaciones con sus padres durante la infancia y las estrategias de apego que su hijo desarrolla con ella (Main, Kaplan y Cassidy, 1985).

A partir de esta observación e investigación elaboró la entrevista de apego adulto. Instrumento utilizado para evaluar el tipo de apego adulto, en la cual se evalúa a lo largo de la entrevista la coherencia, fluidez y claridad en los episodios relatados. El nivel de coherencia con el que habla una persona está asociado a la seguridad o inseguridad que presenta al establecer relaciones de apego o vínculo.

Se considera que entre las funciones ligadas al apego está la habilidad de crear un sistema mental capaz de generar representaciones mentales y de forma especial, la capacidad de realizar representaciones mentales respecto a las relaciones.

Mary Main estableció una asociación entre las diferencias individuales respecto al apego con diferencias individuales respecto a las representaciones mentales, confluyendo en la idea de los modelos de funcionamiento o de trabajo interno, desarrollado por Bolwby en 1973.

Los modelos de funcionamiento interno se reflejan en la organización del pensamiento y el lenguaje. Se crean en los primeros meses de vida y muestran el resultado de los aciertos y errores, intentos y resultados del niño para obtener la proximidad con el cuidador. Nos informan de la representación mental y de la proyección mental elaborada por el niño respecto a las respuestas del cuidador ante la demanda o necesidad del niño. Nos dan información igualmente con respecto a la forma que tienen de responder las figuras de apego; cuán accesibles, sensibles y atentas son. Y finalmente, nos permiten establecer las respuestas del cuidador en cuanto a ser perci-

tipos y consistencia del pegamento emocional (apego)

bido como una base segura como madre o padre. No muestran una imagen objetiva de la madre o del padre, sino sus respuestas afectivas y contenedoras como cuidadores.

Los estilos de apego se desarrollan tempranamente y se mantienen generalmente durante toda la vida, permitiendo la formación de un modelo interno de trabajo que incluye dos aspectos: por un lado, las creencias del niño acerca de sí mismo y de los demás; y por otro sus conductas, estrategias y dinámicas relacionales.

Una vez creada esa representación, esa creencia mental, ya sea consciente o inconsciente, de cuán fiables y seguras son las inter-relaciones que hemos establecido con nuestras figuras de apego, nuestros cuidadores, padres fundamentalmente, y el modelo de funcionamiento con ellas, es decir las estrategias que hemos desarrollado para maximizar nuestra relación con ellas, tendemos a mantenerlas a lo largo del tiempo.

Proyectamos esa expectativa de respuesta del otro en las relaciones futuras y de forma inconsciente, se ponen en marcha nuestras estrategias de respuesta, se activan nuestras memorias y respuestas procedimentales a todos los niveles; sensorial, emocional y conductual. Y así repetimos los modelos de apego y se los transmitimos a nuestros hijos.

Por supuesto, si cambian las circunstancias de la vida del cuidador, pueden producirse cambios en las relaciones de apego. Por ejemplo, una madre atenta a las necesidades físicas y emocionales de sus hijos, que en un momento dado, enferma y no puede atenderlos con la misma disponibilidad. La representación elaborada anteriormente tenderá a cambiar y al mismo tiempo, variará también la respuesta del niño en su intento de obtener el máximo bienestar con la madre enferma.

Por lo tanto, esa continuidad en las representaciones y modelos de funcionamiento interno permite obtener información sobre los comportamientos de apego; no solo en la infancia, mediante la observación de la conducta del niño, sino que también pueden ser observadas posteriormente en jóvenes y adultos, mediante la observación del lenguaje y las estructuras de la mente.

En la última década, la investigación en neuroterapias ha refrendado la *teoría del apego* y a nivel clínico podemos afirmar, tal y como decía Grotsein, (1986) que "Toda psicopatología constituye un trastorno de apego y se manifiesta como un trastorno de regulación propia y/o interrelacional".

En los últimos diez años, desde la "década del cerebro", ha emergido una perspectiva interdisciplinaria con un interés común en los procesos afectivos esenciales con base corporal que yacen debajo de la consciencia (Allan Schore, 1997).

5.4. Tipos de pegamento emocional

Mary Ainsworth desarrolló un experimento conocido como *situación extraña* para determinar el estilo de apego de un niño hacia un cuidador entre los 12 y los 18 meses de edad.

El experimento de la *situación extraña* está pensado para evaluar el nivel de seguridad que existe en la relación establecida entre un niño y su madre. La evidencia de esta prueba ha quedado confirmada en diferentes investigaciones que han llevado un seguimiento de los niños observados desde el momento de la prueba hasta los 21 años de edad. Estas investigaciones han demostrado que la relación establecida por el niño con sus cuidadores en torno al año de edad predice el tipo de relaciones que configuraran en el futuro como adultos.

En el experimento se pide a las madres que interactúen con su hijo durante unos minutos en una habitación de juego. A los pocos minutos, la madre le comunica al niño o niña que va a salir y que regresará en breve. La madre permanece fuera de la habitación durante un minuto, mientras se observa la respuesta del niño. Y posteriormente su respuesta ante el regreso de la madre.

Las diferentes respuestas que encontramos ante la separación son:

- El niño explora la habitación, buscando la mirada de mamá. Llora al perder el contacto con la madre. Esto es normal, es la angustia de la separación. El momento clave es la reacción del niño cuando regresa la madre.

tipos y consistencia del pegamento emocional (apego)

Lo esencial es la capacidad de la madre de calmarlo a su regreso, al restablecer el contacto. El niño ha estado centrado en la figura de la madre durante su ausencia. Una vez que es calmado, lo cual puede llevar unos minutos, comienza a interesarse de nuevo en la exploración, en el descubrimiento del espacio de juego. Los niños que tienen una respuesta de este tipo son considerados niños con un apego seguro. La madre funciona como una base segura, como un trampolín para explorar e interesarse por el mundo. Son niños que en la exploración lloran poco y se muestran contentos cuando exploran en presencia de la madre.

- El niño explora el espacio, pendiente de su madre. La madre le comunica su marcha y el niño llora por la pérdida de la figura materna. Cuando la madre regresa e intenta calmar al niño, el niño sigue disgustado con ella y no se calma. Aunque esté sobre sus brazos, se mantiene enfadado, no acepta los juguetes, los cuidados. Esta respuesta emocional es considerada apego ambivalente o resistente, porque el niño muestra las dos respuestas, quiere y busca la presencia materna, pero no puede utilizar el contacto con su madre para calmarse. Son niños de apego inseguro. No encuentran una base segura en la madre y lloran frecuentemente, en el experimento, incluso cuando están en brazos de sus madres.
  Se considera que esto es debido al hecho de que la madre, en situaciones previas, anteriores, cuando el niño ha sentido malestar, no ha estado disponible como base segura, ha sido inconsistente al ofrecerle consuelo y seguridad.

- El niño explora el espacio, sin prestar atención especial a su madre. La madre se va y el niño llora. Al regreso de su madre, el niño se muestra triste, abatido. La madre lo coge en brazos, pero él baja la cabeza, sus brazos no abrazan a la madre. La madre interactúa con el niño, pero el niño se mantiene triste, sin interacción, no se involucra con la madre. Son niños que parecen no mostrar apego ni conductas diferenciales hacia sus madres. Este patrón de apego se considera apego inseguro evitativo. El motivo de su malestar está producido por la ausencia de la madre, pero su regreso no soluciona el malestar, no calma el desasosiego. El motivo de estas respuestas, se debe igualmente al aprendizaje producido en situaciones previas. En este caso, con frecuencia, la madre no ha mostrado interés a sus estados emocionales, y no ha sido capaz de consolarlo en el malestar.

Por medio de esta sencilla interacción se pueden descubrir las primeras creencias desarrolladas en la mente del niño. El niño que ha aprendido que puede confiar, que ha interiorizado que su madre está ahí para él, se ve a sí mismo como válido y al mundo de forma segura. Esto le permite creer y tener confianza en sí mismo y en otras personas, e interioriza que los problemas se pueden resolver, que puede contar con ayuda para resolverlos. Y esto es fundamental para afrontar la vida y sus dificultades.

Así pues la sensibilidad y respuesta contingente y consistente de la madre a las interacciones del niño predice el desarrollo de estrategias de apego seguro en la observación del experimento.

Mientras que las respuestas maternas inconsistentes a las señales del niño predicen el desarrollo de estrategias de apego ambivalente, el ligero rechazo materno al contacto íntimo predice el desarrollo de estrategias de apego evitativo (Main, 2000).

La clasificación da como resultado tres tipos de apego organizados. Decimos organizados porque las respuestas que da el niño consisten en "estrategias organizadas" que buscan maximizar el bienestar con sus figuras de apego. Tenemos, por lo tanto, tres tipos de apego organizado: un modelo de apego seguro; seguro porque encuentra seguridad en la figura de apego y dos modelos de apego inseguro; inseguro porque no llegan a encontrar seguridad en el cuidador, el evitativo y el ambivalente o preocupado.

Posteriormente Mary Ainsworth y colaboradores hallaron que las conductas de apego de niños observadas en entornos de alto riesgo, no encajaban en ninguna de las tres estrategias de apego revisadas hasta entonces. Main y Solomon (1990) desarrollaron una cuarta categoría basada en las respuestas de los niños ante la separación y el reencuentro, conocidas como estrategia de apego desorganizado/desorientado. Estos niños muestran una serie de conductas extrañas, desorientadas y abiertamente contradictorias en presencia de los padres.

5.5. Más allá del pegamento emocional, la biología

Más allá de las relaciones de apego se encuentra el temperamento. Todos traemos predisposiciones del sistema nervioso que influyen en la regularidad, en la intensidad de las reacciones, en la demanda de la aproximación o evitación a la novedad o al contacto. El temperamento podemos considerarlo como una variable del sistema nervioso que interactúa con las experiencias de apego. Las experiencias de apego pueden condicionar y llegar a cambiar nuestros rasgos conductuales. La experiencia activa los genes. No obstante, tenderán a manifestarse los rasgos innatos de nuestro sistema nervioso (Kagan y colaboradores, 1984, 2004).

En un intento de unir las dos variables; por un lado, la reactancia biológica del sistema nervioso y por otro, la experiencia relacional temprana, se están desarrollando modelos como el *modelo de la personalidad evolutiva* desde la neurobiología interpersonal y la neurociencia social, cognitiva y afectiva. (Daniels, D, Siegel D et al., en revisión). Citado por Siegel (2011).

Dicho modelo se centra en las siguientes ideas nucleares:

- **Unidad.** Haber tenido una experiencia previa de unidad en el seno materno; de ser uno con el útero.
- **Esfuerzo.** La necesidad de realizar un esfuerzo para sobrevivir después del nacimiento.
- **Equilibrio.** La tendencia del organismo a buscar la sensación de bienestar, de equilibrio.
- **Conflicto.** Después del nacimiento, se produce una tensión entre la sensación de unidad y el hecho de tener que esforzarse y trabajar para lograr el equilibrio. De esta tensión surgen diferentes estados afectivos, basados en circuitos neuronales concretos. Estos circuitos van asociados a tres vías fundamentales (Jaak Panksepp y Biven, 1998); las cuales, a su vez, dan como resultado tres tendencias a la hora de resolver el malestar, tres respuestas básicas: miedo, angustia e ira.
- **Atención.** A estas respuestas básicas hay que añadir las diferentes tendencias del sujeto a la hora de focalizar su atención: externa, interna, o ambas. Según sea su tendencia de focalización, el niño mostrará a su

vez, tres tendencias fundamentales a la hora de calmarse; la autorregulación, la búsqueda de proximidad o regulación diádica, o un modelo combinado que utiliza indistintamente ambas formas de regulación.

- **Apego**. El apego seguro permite al niño utilizar las dos estrategias de regulación, tanto la diádica como la autorregulación, independientemente de su tendencia a la hora de focalizar la atención. Además favorece en el niño, y luego en el adulto, el desarrollo de la capacidad de sentirse bien consigo mismo y de relativizar sus tendencias innatas, sin generar rechazo con respecto a su manera de ser, ya que ha tenido experiencias de haber sido atendido y validado tal y como es.

> **CASO Número III**
> **Amaia no cumple las expectativas de sus padres**
>
> Amaia acudió a nuestra consulta a la edad de 8 años. Cursaba 3 E.P. y no había conseguido el objetivo de la lectoescritura. La grafía le resultaba muy complicada y su lectura era escasamente silábica. Recuerdo el momento en el que los padres entraron por la puerta del despacho. Llevaban el fracaso reflejado en la cara. Repetían insistentemente; "hemos hecho todo lo que nos han indicado y Amaia no avanza, no avanza".
>
> Comenzamos por recoger la historia de Amaia desde la gestación.
>
> Ambos padres recuerdan el parto como el peor día de sus vidas. La madre no es capaz de proporcionarnos muchos detalles y es el padre quien nos describe el parto. El parto fue provocado, a las 10 horas más o menos de romper aguas, y se prolongó durante aproximadamente unas 28 horas. Como Amaia no bajaba por el canal del útero, a la madre se le practicaron varias maniobras, hasta que en una de las veces empujó a la matrona y de forma contundente le dijo que se bajara de su vientre. Aunque la madre muestra una aparente tranquilidad mientras escucha el relato de su compañero, su rostro muestra tensión y parece haberse desconectado emocionalmente de la historia. El padre fue invitado a abandonar el paritorio y Amaia fue sacada con fórceps. Amaia no lloró al nacer y el test de Apgar fue 5-7.

El padre recuerda que la niña tenía el rostro contorsionado, y durante semanas se mantuvieron las marcas de los fórceps. Fue separada de la madre y se le mantuvo unas 14 horas en observación. El padre continuó relatando cómo esto supuso un alivio para la madre, ya que tras el parto y una abundante hemorragia, la madre estaba agotada.

Cuando les entregaron a Amaia, esta estaba como aletargada, prácticamente no se movía. Desde el inicio dormía muchas horas, no demandaba el pecho y tomaba cuando se lo ofrecían. A los dos meses pasaron a la lactancia con biberón. "Una niña muy fácil", comenta la madre. "Demasiado fácil" puntualiza el padre.

A lo largo de su desarrollo, Amaia se conformaba con lo que le ofrecían, no parecía mostrar mucho interés por explorar su entorno.

El comentario más frecuente era "¡que niña más tranquila!". El padre nos cuenta que le encantaba estar sentada en la tumbona y observar.

A la pregunta de si reptó y gateó, la madre comenta que no y que realizaba una especie de "culeteo". Comenzó a andar a los 17 meses.

En los parques no se alejaba de sus padres, y no le gustaba lanzarse a los columpios, ni realizar juegos infantiles.

El padre estuvo de excedencia hasta que Amaia cumplió un año. Al año Amaia comenzó la guardería infantil. Sus cuidadoras estaban encantadas con ella. Según contaban, no daba ningún trabajo, se quedaba en un rincón jugando sin molestar.

La madre nos cuenta que los problemas comenzaron en educación infantil. La profesora insistía que no mostraba motivación por las actividades, que tenía muy poca iniciativa. A los tres años se le detectó miopía y ojo vago. El padre recuerda cómo Amaia se replegó aún más en ella y cómo mostraba menos interés por el mundo cuando le pusieron el parche. Y a partir de Primero de E.P. comenzó el calvario. Amaia no era capaz de aprender a leer y mucho menos a escribir. Fue diagnosticada de déficit atencional y trastorno de aprendizaje y comenzó a tomar medicación. Los padres esperaban que la medicación solventara todos los problemas de Amaia, pero no fue así.

Así comenzó una lucha continua y diaria, por conseguir los objetivos académicos. Todos los días invertían casi dos horas en la realización de las tareas. Amaia cada vez era más reacia a realizarlas. Las discusiones eran continuas. El padre se encargaba de las tareas, porque la madre se desesperaba.

En el momento de la consulta, Amaia tenia pesadillas, donde gritaba "¡al cole no, al cole no!".

La madre no podía mirar a su hija sin pensar que no servía para nada y que no iba a servir para nada. Y el padre no le veía ningún sentido a lo que estaban haciendo.

En la exploración de Amaia observamos que se sigue moviendo en un patrón homolateral del movimiento. No ha integrado el movimiento contralateral; es decir, no sabe coordinar la mano izquierda con la pierna derecha y viceversa. Se está lateralizando como diestra a nivel manual, y como zurda a nivel visual. Su cuerpo se ha adaptado propiciando una dominancia de ojo zurdo, al ser su ojo vago el derecho. Es decir, presenta un cruce lateral de ojo mano.

Simplificando podemos decir que su organización neurofuncional es inmadura y presenta reflejos primitivos activos que deberían haberse inhibido, así como dificultades a la hora de integrar la información tanto visual como auditiva.

Esta organización ha propiciado la percepción de una gran inseguridad interna que limita sus relaciones y condiciona sus logros y resultados escolares.

Partimos de la hipótesis de que el parto, tal y como ha sido relatado, ha constituido una experiencia traumática que ha podido generar un estado de hipoactivación. El SN, cuando tiene que afrontar un estado traumático desbordante reacciona primero hiperactivándose; y si ese estado se prolonga, pasa a un estado de hipoactivación vagal dorsal, donde se congela. La descripción que nos ofrece el padre sobre Amaia, encaja con un bebé hipoactivado, que ha entrado en un estado de conservación de la energía. Además, la madre, después del parto, presentó una anemia aguda, de la cual le costó mucho recuperarse.

Se alegraba de que la niña fuera tan tranquila y la demandara tan poco, pues no se sentía con energía ni fuerzas para atenderla, cogerla, abrazarla y mimarla. Al quinto mes se incorporó al trabajo y fue el padre quien pasó a ocuparse fundamentalmente de los cuidados de Amaia.

El estado de hipoactivación, junto a sus ineficacias visuales que pueden ser secuelas de los fórceps, ha propiciado el escaso interés de Amaia por su entorno y por las figuras de apego, y ha condicionado su desarrollo. Amaia se ha saltado los diferentes estadios madurativos del suelo. Prácticamente no se movía, y no ha llegado ni a reptar, ni gatear. Es conveniente que todo niño pase por los diferentes estadios durante los dos primeros años de vida, ya que estos favorecen la organización neurofuncional y el desarrollo psicomotor.

Con un escaso dominio de su cuerpo se ha visto obligada a enfrentarse a un entorno y una exigencia que la sobrepasa, condenada a un fracaso constante. Sin confianza, ni habilidades para expresar lo que le ocurre y pedir ayuda a sus padres.

Otro aspecto fundamental a tener en cuenta es la sensibilidad y capacidad reflexiva mentalizadora de la familia.

La madre es una mujer fuerte que se centraba en los objetivos y los logros. Estaba acostumbrada a luchar para salir adelante. Sabía proveer de los cuidados físicos básicos, pero no estaba acostumbrada a atender las emociones.

Entre sus prioridades estaban que su hija consiguiera la lectoescritura. Para ello había organizado una agenda y horario precisos, con el reparto de tiempos necesarios para lograrlo. Creía que Amaia era una niña vaga, sin amor propio, incapaz de esforzarse lo suficiente.

El padre mostraba más sensibilidad, pero aun así le resulta difícil manejar el derrotismo de Amaia y acababa él también derrotado.

Amaia, por su parte, intuía y anticipaba la decepción en sus padres, incluso antes de que se produjera.

Veía cómo su madre se alejaba de ella, impotente y con la cabeza baja; y cómo su padre, aunque pretendía ayudarla, terminaba igualmente decepcionado.

No entendía por qué sus compañeros parecían aprender sin esfuerzo y ella no lograba retener la información.

El estado de abatimiento y fracaso se habían adueñado de ella.

Intervención

Nuestro primer objetivo era hacerles entender a los padres cómo había impactado el nacimiento y el desarrollo de Amaia en su posterior evolución y crecimiento.

Hacerles conscientes de las emociones que Amaia vivía, su continuo fracaso, y cómo lo estaba interiorizando.

Realizamos diferentes intervenciones que permitieron que los padres pudieran conectar y mentalizar la experiencia de Amaia.

A la madre le resulta muy impactante lo que llega a expresar sobre sí misma, en una dinámica terapéutica de cambio rol, donde ella interpreta a su hija. En dicha dinámica tenía que describir a su madre, como si ella (la madre) fuera Amaia. Y se describe como poco sensible y dura.

El ejercicio le permitió darse cuenta de cómo, probablemente, era vista por Amaia y de cómo podía estar impactando su conducta en su hija.

Les invitamos a que representaran corporalmente la postura física de su hija cuando estaba realizando las tareas escolares. Queríamos llevar la atención de los padres, no tanto a la dificultad en la ejecución de las tareas, sino a la focalización en las emociones que vivía Amaia. Intentar comprender cómo estaba interiorizando sus problemas, las creencias internas que estaba desarrollando sobre sí misma y la perspectiva que estaba creando del mundo.

A la madre, el ejercicio le supuso todo un reto. Podía representar la postura de Amaia y conectar con sus pocas ganas de realizar las tareas y el impulso de salir corriendo, de evitar la tarea. Pero le resultaba muy difícil ir más allá.

El padre, mediante la interpretación de la postura corporal de Amaia, conectaba totalmente con su estado. Y, según sus propias palabras, no podía manejar la tristeza de Amaia, su hundimiento, su falta de salida, su fracaso, su experiencia de "no valía", de no ser valiosa, su indefensión y su impotencia. Todas estas emociones le generaban una gran angustia. Le conectaban con su propia angustia, con sus experiencias de dificultades y fracasos. Y terminaba respondiendo desde la rabia y la impaciencia. En muchas ocasiones se sentía culpable y un padre pésimo.

Invitamos a los padres a que, en su día a día, conectaran con las emociones de Amaia y les pusieran nombre. Les proporcionamos ejemplos como: "parece que supone un esfuerzo enorme realizar las tareas, y que no tienes ganas de hacerlas", "hemos observado que cuando nos empeñamos en que las hagas, te sientes muy mal, y no eres capaz de decírnoslo", "nos hemos dado cuenta de que te hemos estado obligando a hacer cosas que no querías hacer y esto te hacía sentir muy mal". Les aconsejamos que le explicaran y le dieran cierta coherencia a su funcionamiento anterior; "hemos estado exigiéndote tanto, pensando que era la forma de ayudarte que, sin querer, no hemos reparado en cómo te hacía sentir tanta exigencia". Que valoraran su esfuerzo y su trabajo; "consideramos que realizas un trabajo enorme en la escuela, y hemos decidido que después de clase vamos a invertir el tiempo en actividades que te resulten agradables, y divertidas, como quizás el dibujo o lo que tú elijas".

A medida que los padres fueron mostrando más sensibilidad y fueron más capaces de mentalizar, reflexionar y realizar esquemas sobre lo que ocurría en el mundo mental y emocional de Amaia, esta comenzó a expresar y a negarse a alguna de las peticiones del entorno, y comenzó a salir de su apatía.

Al mismo tiempo mantuvimos contacto con el colegio, la tutora y orientadora, para poder trabajar todos en la misma dirección. Consideramos prioritario que Amaia pudiera descansar después de clase, que se liberara de las tareas, que tuviera espacio para el juego, y que no llevara a casa todo lo que no había sido capaz de realizar en clase.

Propusimos a los padres atender las dificultades de base que parecían ser primarias al déficit atencional.

Elaboramos unas tablas de ejercicios funcionales. Nos apoyamos en la terapia de movimientos rítmicos, para ayudarle a integrar los reflejos primitivos e ir consolidando etapas psicomotoras mal integradas.

Cuando comenzó a tener un mejor manejo de su cuerpo la derivamos a un optometrista comportamental con el objetivo de estimular su sistema visual y mejorar sus habilidades visuales básicas, imprescindible para poder logar la lectoescritura. A los 6 meses de intervención comenzó a leer y a mostrar interés por la escritura.

Tratamiento terapéutico con EMDR

Estos 6 meses nos permitieron ir estabilizando a Amaia e ir instalando los logros que iba obteniendo. Era fundamental que conectara y pudiera reconocer las emociones y sensaciones agradables que acompañan el triunfo. Amaia hasta entonces no había tenido muchas oportunidades de disfrutar del afecto positivo, al conseguir un éxito.

Los padres, en especial el padre, cada vez se sentían más satisfechos de la evolución y se alegraban del cambio de ánimo que observaban en su hija. La madre seguía considerando la normativa académica como medida de la evolución.

Aunque el estado de ánimo de Amaia había mejorado, persistía en ella un estado de hipoactivación y tonicidad baja. Este estado lo asociábamos al trauma preverbal de nacimiento. Así pues, consideramos primordial intervenir sobre este suceso traumático y pasamos a trabajarlo mediante la narrativa de Lovett.

Pedimos a los padres que realizaran una historia conjunta sobre el parto. Que comenzaran la historia con su alegría por la gestación y posteriormente pasaran a propiciar detalles sobre las dificultades del parto. Buscábamos reunir toda la información posible que aportara datos, tanto sensoriales como sensitivos, que facilitaran la conexión con las memorias sensoriales y somáticas relacionadas con la dificultad para salir a este nuevo entorno.

tipos y consistencia del pegamento emocional (apego)

Esa experiencia no estaba registrada en la memoria explícita verbal porque no contábamos con el desarrollo del lenguaje, hecho improbable en el contexto del parto. Pero aun así, desde el inicio, contamos con otro tipo de memoria, la memoria implícita somatosensorial. Esta experiencia temprana, como cualquier otra, había quedado grabada, almacenada en redes sensoriales y emocionales.

Para propiciar un distanciamiento emocional y que la información fuera más manejable, la historia era narrada como la vivencia de un osito que había sufrido mucho para salir de la barriguita de su mamá osa. Mientras el papá le narraba el cuento, la mamá le iba practicando estimulación bilateral (suaves golpecitos sobre los hombros). Amaia rápidamente se identificó con la historia y nos dijo: "ese osito es Amaia". Conforme la historia era relatada, se fue produciendo una respuesta somática corporal, aparecieron los reflejos de succión y movimientos de boca, sacar lengua, etc. Prestábamos una atención especial a cualquier respuesta de Amaia, y realizábamos interrupciones facilitando más estimulación bilateral, descansos o respiraciones, según procediera. El relato terminaba de nuevo con algo positivo, como la alegría de los padres de tener a su hija en brazos. Amaia mostraba una cara relajada y se había ido acurrucando sobre su padre, su madre le acariciaba suavemente el cabello.

Durante tres sesiones trabajamos el suceso traumático del parto con la adaptación del protocolo de EMDR, mediante la narrativa.

Amaia comenzó a manifestarse más segura y alegre, y poco a poco, fueron desapareciendo distintos miedos.

Después de esto, pasamos a trabajar los peores recuerdos asociados con sus problemas escolares.

Para ella los peores recuerdos se aglutinaban en torno a dos tipos de experiencias; por un lado las situaciones vividas como humillantes en la escuela, y por otro, el agobio vivido al realizar las tareas en casa. Estas últimas le generaban mayor malestar.

Decidimos propiciar más la vinculación y la tolerancia al afecto positivo, antes de comenzar a trabajar los recuerdos asociados a las tareas escolares.

Mediante el protocolo de Andrew Leeds para la tolerancia al afecto positivo adaptado a niños, fortalecimos el tolerar y disfrutar del refuerzo positivo y el halago. Primero en las sesiones y luego en casa, instruimos a los padres para que reforzaran positivamente a Amaia y se orientaran hacia los esfuerzos y éxitos de Amaia.

En las sesiones los padres recogían algo positivo de Amaia de esa semana y le decían a su hija que tenían algo muy importante que decirle y que querían que lo escuchara con su mente, su corazón y su cuerpo. Que cuando recibiera esas palabras, realizara una respiración profunda y permitiera que llegaran a su cerebro, a su corazón y a sus tripas.

En las primeras ocasiones, la expresión de Amaia era de incredulidad y rechazo del refuerzo. Poco a poco, conforme el ejercicio se repetía y tenía la oportunidad de ver cómo sus padres iban cambiando en sus demandas, esas palabras fueron entrando y permitía el contacto ocular. En el espacio terapéutico, instalábamos esa experiencia como recurso mediante E.B. Lo fundamental de esa dinámica es que la niña podía percibir la congruencia entre el mensaje y la expresión en el rostro de sus padres.

A los padres les pedíamos que observaran la respuesta corporal y emocional de su hija e intentaran mentalizar lo que vivía Amaia. Y que observaran igualmente lo que experimentaban personalmente ellos al ver la reacción de su hija.

Entre los tres se fue produciendo cada vez una mayor resonancia. Amaia comenzaba a deleitarse y surfear en los ojos de sus padres, y sus padres en los de ella.

El peor recuerdo relacionado con las tareas tenía que ver con un día en que preparaban un examen y le dedicaron muchas horas.

EMDR durante la fase 3 trabaja centrándose en recuerdos. Al evocar un recuerdo, se intenta obtener sus elementos constitutivos que son: imágenes, emociones, creencias y sensaciones. La peor imagen del recuerdo era: "cuando mamá se va" y la creencia negativa: "soy tonta". No fue capaz de propiciar una creencia positiva. Las emociones eran angustia y bloqueo, con un malestar tan grande como una casa, y localizadas en las piernas y en el estómago.

tipos y consistencia del pegamento emocional (apego)

Pasamos a la fase 4 donde se aplica la E.B. y se permite que el cerebro vaya procesando la experiencia traumática mediante asociaciones con otras memorias y recuerdos.

Inicialmente Amaia no era capaz de reportar mucha información de lo que sucedía entre los sets de estimulación bilateral; sin embargo, si observábamos su cuerpo, era evidente que se estaban produciendo cambios en ella. Se evidenciaban tensiones en cara y boca fundamentalmente. Por medio de entretejidos somáticos íbamos pidiendo a Amaia que se quedara con esa tensión presente en su mandíbula y que observara si la tensión se movía e iba cambiando. En una de las intervenciones entre sets de E.B., le preguntamos si esa sensación corporal iba acompañada de alguna emoción (al estar interviniendo con una niña, debíamos mostrarnos más proactivos para ayudarle a acceder a más información, cosa que no suele ser necesaria con adultos). Amaia respondió que sentía mucha pena al ver el dolor y la tristeza de sus padres porque ella no podía aprender, porque no era lista.

Con los padres habíamos preparado posibles entretejidos por si fueran necesarios. Así, el padre aprovechó ese momento para proveer a Amaia de un entretejido educativo afectivo. Le dijo que en los últimos meses había aprendido más que en los dos últimos años, y que eso demostraba su inteligencia, que ellos se sentían muy felices y contentos de sus avances y de su esfuerzo.

Seguimos procesando. La tensión física fue desapareciendo y en una intervención entre sets, Amaia verbalizó que veía a la directora que le decía que estaba aprendiendo mucho y hacía las cosas muy bien. Y que sentía en su cabeza que era lista y que podía aprender.

Terminamos la sesión sin malestar al evocar el recuerdo y se pudo instalar la creencia positiva que había surgido "soy lista y puedo aprender". La sentía en su cabeza y en su corazón.

Después de esta sesión no fue necesario trabajar más recuerdos sobre las tareas en casa, ya que no le generaban perturbación. Se había generalizado el aprendizaje de la sesión anterior a recuerdos similares.

Entonces pasamos a centramos en los recuerdos perturbadores referidos al colegio. Comenzamos por el más antiguo y fuimos procesando el pasado.

Luego trabajamos con las situaciones del presente. Aunque Amaia estaba despertando al aprendizaje, no cabía duda de que había ido acumulando un retraso considerable respecto a su grupo, y el curso seguía su ritmo. Y el sistema educativo no parecía encontrar recursos para adaptarse a las necesidades de Amaia.

Así que fue necesario dedicar un número considerable de sesiones al presente.

Amaia iba ganando seguridad y confianza en ella, pero el ritmo escolar al que se veía expuesta diariamente suponía un estresor continuo.

Los padres después de valorar diferentes opciones decidieron cambiarla a una escuela libre, que respetara los ritmos de aprendizaje y tuviera una visión mucho más global del desarrollo y de los procesos cognitivos del niño.

Después de trabajar la incertidumbre del futuro ante el cambio de escuela, Amaia comenzó a asistir en un centro con nuevo proyecto educativo muy diferente al anterior. En ese nuevo entorno, en el que se cuidaban mucho más las necesidades de cada niño, pudo sacar partido a sus habilidades creativas y manuales, y contó con el tiempo madurativo necesario para ir conquistando aprendizajes más complejos.

Estas experiencias positivas le han permitido poder vivenciar actos de triunfo y de logro a lo largo de todos estos años de escolarización, lo cual ha redundado en confianza y seguridad.

La relación con sus padres se vio fortalecida. Los padres aprendieron a atender las necesidades emocionales de su hija, a ser sensibles a sus emociones y a reflexionar y mentalizar sus estados y las respuestas que ellos daban a esos estados.

Se convirtieron realmente en un apoyo que proporcionaba seguridad a Amaia.

tipos y consistencia del pegamento emocional (apego)

> Hoy Amaia está cursando 2º de ESO, y continúa con su desarrollo y crecimiento.
>
> En una de las sesiones de seguimiento Amaia comentó que se sentía valiosa y feliz. Ya no sentía esa tristeza que recordaba de cuando era más pequeña. Entonces estaba convencida de que nunca iba a ser feliz y de que sus padres pensaban que no servía para nada. Hoy sabe que sus padres la quieren y que confían en ella y en sus capacidades.
>
> **Lo importante no es lo que nos sucede, sino cómo lo vivenciamos y cómo lo recordamos.**

Ejercicio

- Probablemente, ya te habrás preguntado qué tipo de apego tienes. Incluso puede que te hayas aventurado a predecir el modelo de apego al que está expuesto Eneko o Asier, o los tipos de apego que presentaban los padres de la niña del caso que acabamos de desarrollar.
- Si no lo has hecho te invito a que lo hagas.
- Teniendo en cuenta el experimento de la situación extraña y los recuerdos que puedas tener de cómo respondías cuando tu madre se ausentaba, y sobre todo, cómo era tu respuesta a su vuelta, intenta responder a la pregunta: ¿a qué modelo de apego has estado expuesto con tu madre y con tu padre?
- ¿Qué tipo de apego has desarrollado y te caracteriza como adulto?
- Y observando las respuestas de tus hijos, si los tienes, intenta responder a la pregunta: ¿a qué modelos de apego están expuestos?
- ¿Qué tipo de conductas deberías promover para asegurar que tus hijos puedan percibirte como una base segura?
- Si te resulta muy difícil, no te desanimes, en los siguientes capítulos vamos a seguir aprendiendo sobre apego y cómo repararlo.

6
¿Qué es necesario para conquistar la regulación?

La capacidad para estar a solas se basa en la experiencia de estar solo en presencia de alguien, y sin una cantidad suficiente de esta experiencia, la capacidad para estar a solas no puede desarrollarse.

Donald Winnicott

Mírame, siénteme cristina cortés viniegra

6.1. Te veo, te percibo, te siento

Acababan de regresar de unos de los momentos preferidos de Eneko. Dos días a la semana participaban de la actividad de diversión acuática. En ella Lidia y Eneko se sumergían en las cálidas aguas del Jacuzzi del polideportivo junto a otros pequeños delfines, cachalotes y focas. Eneko se dejaba flotar sobre los brazos de su madre, o tripulaba el barco pirata; o se quedaba, él solo, suspendido en las tibias aguas, cuando no conquistaba la isla de los dinosaurios. En cualquier caso, el agua caliente lo sumergía en un suave sopor, que le precipitaba al contacto con su madre. Su cuerpo se relajaba y se dejaba mecer por el susurro del agua. Algo instintivo y primitivo lo atraía hacia Lidia. Al final, un suave cansancio lo abatía y esas noches el ritual de despedida fluía con rapidez y en pocos minutos abrazado por su madre conciliaba el sueño. Eneko dormía plácidamente al lado de su madre. La liturgia onírica era una ceremonia de la que disfrutaban tanto Mikel como Lidia. Ambos habían descubierto lo importante que era anticipar el momento álgido de cansancio y evitar que Eneko llegara a ese momento. En caso contrario, la espiral de activación en la que entraba Eneko estaba garantizada, y la conquista del sueño se podía convertir en una pesadilla.

Los anocheceres preferidos por Mikel y Lidia eran precisamente cuando este ritual del sueño fluía y Eneko se quedaba profundamente dormido. Contaban con un tiempo extra para dedicárselo mutuamente o poder hablar distendidamente. Esa noche tenían pensado terminar de decidir sobre como llevarían a cabo la escolarización de Eneko. Ambos tenían claro que, mientras se lo pudieran permitir, lo más saludable para el desarrollo de Eneko era que permaneciera sin escolarizar hasta el inicio de la educación primaria obligatoria. En las vacaciones estivales habían visitado a unos amigos en Múnich, cuya hija Andrea tenía 7 años y estaba sin escolarizar. La edad media de escolarización en Alemania es a los 6 años. Andrea era una niña inquieta e infantil y el centro escolar había considerado oportuno darle un año más para que madurara y no se viera expuesta a una presión innecesaria ante los aprendizajes.

En el entorno de padres con los que se relacionaban se había ido forjando, de manera espontánea e informal, una red de colaboración entre familias que se encontraban como ellos en plena crianza. El dicho africano "un niño es educado y criado por toda la tribu" se veía actualizado en su caso y cobraba para ellos todo un nuevo significado. Mikel rememoraba sus veranos en el caserío, la responsabilidad de los niños se repartía entre su madre, tías y abuela. Ese modelo era muy difícil de trasladar a sus vidas, pero necesitaban de un tejido relacional social que facilitara la implicación y dedicación que querían otorgar a Eneko.

Eran testigos de cómo se iba forjando la identidad de Eneko. Mirando hacia atrás, Lidia recordaba el día en que, jugando en el cambiador, Eneko reía y canturreaba junto a ella; y cuando Lidia le preguntó: *"¿quién está riendo y cantando?"*, él respondió: *"mamá"*. Esa respuesta sorprendió a Lidia y hasta pasados unos meses no pudo darle un significado completo. Eneko estaba jugando con la plastilina. Había realizado una familia de bolas; mamá bola, papá bola e hijo bola y se reía energéticamente con la aventura de las bolas. Y Lidia de nuevo le preguntó: *"¿quién se ríe?"*, y Eneko respondió: *"las plastilinas bolas"*. Lidia se dio cuenta de que a los 11 meses Eneko no se percibía a sí mismo como algo distinto de ella. Y que luego, con 14 meses, no era capaz de diferenciar el objeto y el juego, del sujeto que disfruta y juega.

Sin embargo, semanas después mientras Eneko jugaba con unos dinosaurios, Lidia volvió a preguntar: *"¿quién ríe, quién se divierte?"* y la respuesta fue: *"Eneko, Eneko ríe"*. Comenzaba a diferenciarse a sí mismo como identidad. Y antes de que transcurriera un mes la respuesta sería "YO". Y ese yo incipiente, ese pequeño personaje, tenía ya unas creencias de cuán seguro era el entorno en el que crecía y por ende, el mundo y el universo que le rodeaban. Cuán valioso era él para ese entorno, y las expectativas sobre lo accesibles y disponibles que eran sus padres para él. (Ainsworth, Blehar, Waters, y Wall, 1979; Bretherton, 1985; Main, Kaplan y Cassidy, 1985).

A medida que tanto Mikel como Lidia tomaban conciencia de la evolución del desarrollo de Eneko, mayor era su determinación de mantenerse conscientes, de manera activa, de ese crecer y del proceso en el que su hijo iba diferenciándose como individuo. Cada día se percataban y convencían más de que sus figuras eran las que sostenían ese universo. Ellos eran las columnas en las se enraizaba el mundo de Eneko y las que sostenían el firmamento que lo cubría.

Mírame, siénteme cristina cortés viniegra

A la mañana siguiente, Eneko despertó activo y dinámico. Era un día soleado que apuntaba al verano entrante; al día de San Juan.

Mikel estaba libre y los dos estaban dispuestos a conquistar el parque. En cuanto aterrizaron en las hondonadas de los jardines, Eneko se acercó a un niño conocido que investigaba e indagaba en un charco. Entre en los dos se propusieron una gran hazaña; encauzar las aguas del charco y convertirlo en presa, con palitos y ramas. Excavaron en el charco y con bolsas de plástico que el azar llevó hasta sus manos, transportaban vigorosamente el agua de la fuente cercana. La determinación de Eneko empujaba al niño a seguir el ritmo y el reto de semejante hazaña. Mikel los observaba con admiración y los dejaba hacer. Eneko sabía que se encontraba seguro bajo la mirada de papá y esto le permitía disfrutar totalmente absorto y suelto en el desempeño de su importante misión. De repente una exclamación terrible cruzó y rompió la mágica atmósfera de la faena infantil. La madre del niño se acercaba corriendo y gesticulando; *"madre mía ¿qué habéis hecho?, ¿cómo podéis hacer esa marranería?", "¡a saber los perros que habrán meado ahí!", "¡mirad vuestras manos!, ¡os vais a poner enfermos!"*. Mientras decía todo esto, arrastraba al niño de su mano, que hipaba y lloraba asustado. Por su parte Eneko no entendía nada, *"¿cómo era posible que el barro y el agua fueran peligrosos?"*. Mikel lo alcanzó en dos zancadas, y le dijo: *"No pasa nada, simplemente te has manchado de barro. Podemos ir a la fuente y lavarnos las manos, o podemos continuar los dos construyendo la presa. Cuando uno construye una presa, ¿es una presa, verdad?, lo normal es mancharse de barro. Los ingenieros también se manchan y no pasa nada. Esa mamá, no debe saberlo"*. Y los dos continuaron con tan importante y fascinante construcción.

6.2. Lo que marca la diferencia en el apego

En el comportamiento tanto materno como paterno las respuestas a las demandas y necesidades del niño pueden ir desde la no atención, lo que consideramos evitación de las necesidades físico-afectivas del bebé o del niño, a la transmisión de angustia y preocupación con actitudes intrusivas, preocupantes y ambivalentes.

¿qué es necesario para conquistar la regulación?

Entre estos dos extremos se encuentran las respuestas que sí atienden las necesidades tanto físicas como afectivas del bebé o del niño y son capaces de calmarlas y de regular su malestar. Esta actitud se identifica con una respuesta segura, que realiza una lectura acertada de las necesidades del niño, y emite una respuesta sintónica y contingente a esas necesidades explícitas o implícitas.

Estas conductas parecen depender de lo que se considera "respuesta sensible del cuidador". Una respuesta sensible es aquella capaz de acceder al estado mental del niño y atribuirle un significado a ese estado mental. Esta competencia de atribución de significados requiere de procesos afectivos cognitivos complejos, que hunden sus raíces en los modelos operativos internos de los padres y en su capacidad para entender los estados mentales y reflexionar acerca le ellos (Marrone, 2001).

"La sensibilidad materna" –del cuidador–, (Bowlby, 1980, 1988, 1997, 2003, Ainsworth, 1979b) se considera como la habilidad de los cuidadores para percibir y codificar las señales emocionales del bebé o del niño, de un modo correcto, y emitir una respuesta, a esas señales, de forma adecuada e inmediata.

El primer lenguaje que utiliza el bebé es el llanto. Por medio de él, comunica sus necesidades básicas, hambre, malestar, sueño, etc. A medida que esas necesidades son cubiertas y de acuerdo a la calidad en la que son cubiertas, el bebé se relaja, y la activación propia del llanto, desciende al ser calmando. Conforme el cuidador reconoce y satisface las necesidades del niño, este es regulado y va aprendiendo a regularse, es calmado y va adquiriendo la capacidad de calmarse por sí mismo, posteriormente, ante el malestar. Por lo tanto, no es de extrañar que la sensibilidad materna, que en última instancia calma al niño, haya sido asociada a las habilidades que va desarrollando el bebé y el niño que le permitirán conquistar la capacidad de regulación emocional (Lecannelier, 2006).

Entendemos la regulación emocional, además de la capacidad de calmarnos y sosegarnos, como el conjunto de los procesos externos e internos responsables de monitorizar, evaluar y modificar nuestras reacciones emocionales para cumplir nuestras metas (Thompson, 1994).

A lo largo de ese proceso continuo en el que el niño es percibido, sentido y atendido, adecuadamente a su edad, es decir conforme los deseos y sentimientos del bebé o del niño son reconocidos por parte de los cuidadores; dicho de otra forma, si cuando dichos deseos y sentimientos surgen son atendidos, satisfechos y/o redirigidos adecuadamente, el niño irá aprendiendo a poder identificar y nombrar sus necesidades, emociones y conductas y a regular sus emociones.

Posteriormente, la investigación ha focalizado su atención sobre el constructo "mente mentalizante", acuñado por Meins, que se basa en una sensibilidad más específica con respecto a los estados mentales del niño y la actividad que promueven. La capacidad de mentalizar apropiadamente los estados, necesidades y conductas del bebé, por parte de la madre, cuidador principal, parece ser la dimensión que mejor predice un apego seguro (Lok y McMahon, 2006). Esta capacidad mentalizante correlaciona con la ausencia de hostilidad materna. Las madres más mentalizantes tendían a ser menos hostiles en la relación con sus hijos (Lok y McMahon, 2006).

Mentalizar es la capacidad de dotar de significado la experiencia subjetiva, mental de uno mismo y de los otros (Fonagy, et al., 2007). Esta capacidad de crear esquemas de la actividad mental de uno y de los otros se considera uno de los mayores logros del desarrollo, y es posible lograrla mediante las relaciones de un apego seguro, o una posterior reparentalización (Siegel, 2007, 2011).

Cuando hemos sido percibidos, sentidos, entendidos por nuestros cuidadores, esta experiencia nos permite entender, dar un sentido a nuestra experiencia interna y a la de los otros, podemos percibir y sentir al otro (Fonagy, et al., 2007b). Entonces el niño puede vivenciar los afectos como estados mentales diferenciados del otro, y puede comenzar a pensar y entender las emociones e intenciones tanto de él como de los demás (Guerra, V., 2009).

6.3. Construyendo un yo, una identidad

Winnicott (1958) propone la idea de que no existe una identidad como un bebé, sino que lo que sí existe es "un bebé con su madre".

El binomio madre/bebé se construye mediante la relación y los distintos cuidados que presta la madre. Esta interacción con el bebé mientras es cuidado, atendido, va a propiciar la creación de un yo, una identidad independiente de su madre, de su cuidador. Se diferencian distintos cuidados en este proceso (Winnicott, 1958, 1960, 1963).

El sostén: mediante estos cuidados la madre satisface las necesidades fisiológicas, afectivas, cotidianas de forma rítmica y estable a lo largo del día. Estos cuidados permiten que se vaya integrando el tiempo, y más tarde, el espacio. Posibilita posteriormente el sentimiento de continuidad existencial a lo largo del ciclo vital.

La manipulación o manejo: el manejo y el cuidado corporal que establece la madre al realizar sus funciones físicas con su hijo, al cubrir sus necesidades, tienen un componente propioceptivo táctil. Estos cuidados facilitan el establecimiento de una fusión entre el bebé, su cuerpo y el de su madre; a la vez que, paulatinamente, va cobrando más espacio la existencia de una frontera epidérmica, un límite diferenciador entre ambos. Estas interacciones propician la futura personalización.

La presentación del objeto: los cuidados maternos requieren del cuerpo materno (lactancia, contacto, calor) y otros objetos o útiles (manta, sonajero, biberón). Mediante el cuidado sintónico perceptivo materno, el bebé no se halla preso únicamente de las satisfacciones fisiológicas instintivas. Ese cuidado sensible le va a permitir al niño encontrar y adaptarse por sí mismo al objeto (seno, mantita, etc.).

La madre hace realidad, ofrece al bebé, justamente aquello que el bebé está preparado para buscar, aquello que precisa. De esta forma genera en el bebé la idea de que está preparado para esa acción. El bebé expresa, sin palabras *"necesito que..."* y en ese momento la madre satisface y ofrece ese cambio de postura y el bebé puede terminar la frase *"me cambies de postura, me des el pecho"*. Esa idea no se hubiera podido concluir si la madre no se lo hubiera ofrecido justo en ese momento. Esta interacción hace que el bebé reciba mensajes del tipo: "entra en el mundo *creativamente"*, *"crea el mundo tú mismo"*, *"solo lo que tú creas tiene sentido para ti"*. A partir de aquí se desarrolla la idea de omnipotencia, y una vez experimentada la omnipotencia, puede comenzar a experimentar y tolerar la famosa frustración y mucho más tarde puede llegar un día a tener el sentimiento de ser solo una partícula en el universo, un universo que no ha creado él, sino que existía antes de que él fuera engendrado (Winnicott, 1968).

Estos cuidados harán posible el desarrollo de la capacidad de estar solo. Esta capacidad supone que el niño ha tenido la oportunidad de generar, de elaborar poco a poco la creencia positiva de un entorno benigno, conforme ha tenido la experiencia de estar en presencia de alguien, de ser percibido, de ser sentido mientras vivía sus experiencias infantiles. Con el tiempo llega a introyectar a esa figura, a la madre que ha estado sustentando ese yo incipiente. Y paulatinamente va desarrollando la capacidad de estar solo, primero sin la presencia de la madre, luego sin el símbolo materno.

Tenemos pues, una primera fase de unidad y "dependencia absoluta," donde la madre (o cuidador principal) es quien crea el ambiente facilitador para el pleno desarrollo del bebé, apoyada por otros (el padre, la familia y el medio ambiente social más próximo). La presencia de la madre inicialmente será absoluta y conforme el niño va conquistando la independencia motriz, simbólica, acceso al lenguaje, etc., la madre irá desapareciendo gradualmente.

La ruta que lleva de la dependencia absoluta a la autonomía progresiva se fomenta en un vínculo de interrelación, corporal, emocional, copartícipe de estados. Y de forma gradual el bebé va construyendo y expresando su carácter temperamental, modulado por las experiencias y poco a poco va creando su forma de ser, de expresarse, su subjetividad. Su identidad. Su individualidad.

6.4. Lo que aporta el apego seguro. Padres seguros-autónomos, niños seguros

El apego está asociado a la memoria emocional y al sentimiento de seguridad básica, que se desarrolla cuando el cuidador aporta seguridad y satisfacción de las necesidades.

¿qué es necesario para conquistar la regulación?

Las emociones son las conductoras, por medio de las sensaciones viscerales y propioceptivas, de las experiencias regulatorias emocionales vividas en la díada madre-bebé o cuidador-niño.

Este modelo de apego continúa en el adulto al interiorizarse y termina por convertirse en un estilo de relación y por ende de regulación emocional. El niño ha estado expuesto a un modelo, que genera un estilo en el adulto para convertirse en modelo de sus hijos en la paternidad.

Si las figuras de apego son capaces de interpretar adecuadamente las demandas del bebé, podrán ofrecer respuestas adaptativas, seguras y positivas, que redundarán en un desarrollo saludable de sus hijos, y estos experimentarán una seguridad básica al no temer al entorno, que les permitirá explorar y avanzar.

El apego seguro se asocia a una relación segura con la persona que se ha ocupado de las funciones de crianza. Y da como resultado adultos con un apego seguro/autónomo. Los padres son cálidos emocionalmente. No temen expresar el enfado ni ninguna emoción. Se adecuan con flexibilidad a los recursos y habilidades madurativos del niño. Este puede acercarse o distanciarse con libertad de la figura del cuidador, desarrollando una autonomía saludable, equilibrada y adecuada a cada momento de su proceso madurativo. Padres e hijos toleran y tienen la libertad para estar solos o acompañados. Propician el desarrollo de niños con un estilo de apego seguro. Un 57-73% de los niños de la población tienen el estilo de apego seguro (Spieker y Booth, 1988). El modelo del adulto se convierte en el estilo comportamental y relacional del niño.

Los menores con apego seguro, se caracterizan por una mirada franca y afecto positivo. Las interacciones con el cuidador principal son tranquilas, íntimas e indicativas de que mantienen una relación especial. El niño tiene acceso libre y abierto a las figuras de apego en el momento de estrés, explora competentemente el ambiente cuando la necesidad de seguridad se encuentra satisfecha, y establece una comunicación, sincera y compartida (Cantón y Cortés, 2000).

Pueden pedir ayuda cuando lo necesitan, tienen la capacidad de regularse diádicamente, apoyándose en otro y de recurrir también a la autorregulación. Una vez que han introyectado la figura del cuidador, y su relación con él, esto les permite calmarse, regularse por sí mismos.

Entre los niños de apego seguro, podemos hallar diferentes subtipos, y todos ellos muestran relaciones positivas con el cuidador principal, regulación y autonomía.

6.5. Lo que no se alcanza con el apego evitativo: padres despectivos, niños evitativos distanciantes

A los padres cuya respuesta esté mediada por experiencias traumáticas previas que no han sido capaces de resolver, o que no tuvieron la experiencia de una base segura en la infancia, les va a resultar muy difícil estar disponibles emocionalmente a las necesidades de sus hijos, y esto condicionará seriamente las capacidades de sus hijos a la hora de ser y sentirse capaces de afrontar la vida y los retos de esta.

Cuando el apego no llega a ser seguro, las interacciones relacionales son más rígidas y estereotipadas (apegos inseguros) o más caóticas, e incoherentes (apegos desorganizados).

Los adultos despectivos, distanciantes, han tenido el modelo de un apego evitativo en la infancia. Suelen centrarse en las acciones, prestan poca atención a las emociones y necesidades afectivas de su alrededor. Han aprendido a centrarse en sus propias necesidades y se han visto obligados a ser autónomos.

Estos adultos expresan abiertamente enfado, incluso cólera y resentimiento, y oposición a los deseos de los hijos, a quienes riñen con facilidad.

Como sus necesidades no fueron tenidas en cuenta y no se mentalizaron sus estados emocionales, no saben tolerar el malestar de sus hijos, y lo evitan centrándose en las acciones. Se han visto obligados a satisfacer en solitario sus necesidades porque no eran vistas, y cuando llega el momento de la crianza, igualmente se centran en sus prioridades y obligaciones, y no son capaces de percibir las necesidades de los niños. Por lo tanto, suelen tener poco contacto físico con sus hijos, y cuando lo tienen, este es intenso e intrusivo, llegando a abrumar a los hijos.

¿qué es necesario para conquistar la regulación?

Como estrategia, los padres de este grupo tienden a mantener una distancia tanto emocional como física con sus hijos. Esto reduce las posibilidades de explosiones emocionales, al mismo tiempo que genera un distanciamiento emocional ante las necesidades de sus hijos. A este tipo de cuidador le falta tanto sensibilidad como capacidad de mentalización.

Ante esta falta de sensibilidad y mentalización, los niños no aprenden a explorar las emociones ni sensaciones de su cuerpo. Van a evitar la intimidad que genera el malestar en el cuidador, y van a desarrollar una aparente independencia. Aparente, porque se van a ver empujados a satisfacer directa o indirectamente ellos solos sus necesidades, manteniendo oculta la demanda de apoyo que se mostrará por vías indirectas. Se centrarán en las acciones que le vinculan a sus padres, los logros y las metas. Aprenderán a relacionarse con facilidad, sin llegar a intimar.

Al no conectar con sus emociones y afectividad, se desconectan de sus cuerpos y no potencian el desarrollo del hemisferio derecho, tendiendo a desarrollar más las habilidades y recursos del hemisferio izquierdo.

La no conexión con el cuerpo se correlaciona inversamente con la empatía. A mayor desconexión corporal y dificultad para el reconocimiento de las sensaciones corporales, menor capacidad de empatizar con el otro. Si no soy capaz de reconocer mis sentimientos y motivaciones, va a ser muy difícil que pueda leer la mente del otro.

Estos niños procuran evitar cualquier conducta física o verbal que pueda conducir al establecimiento de una relación con la figura de apego. ¿Por qué? Porque temen que si establecen dicha relación, es muy posible que el cuidador, al no percibir sus demandas, les impida realizar sus deseos. Así pues tenderán al establecimiento de una conducta neutra que no llame la atención del cuidador.

Entre el 15% y el 32% de los niños establecen un apego evitativo (Spieker y Booth, 1988).

Los niños expuestos a este modelo de relación, no recurren a las figuras de apego para calmar su malestar. Cuando experimentan malestar, se retiran, salen corriendo y tienden a la autorregulción. Han aprendido a no mostrar su perturbación y a seguir adelante, a enjugar el llanto y hacer como que no les ha afectado; en definitiva, a no atender ese malestar, el dolor, la tristeza, etc. Han oído demasiadas veces expresiones como "*venga que eso no es nada*", "*no se te ocurra llorar*", etc.

Este tipo de vínculo, en ocasiones, lleva al desarrollo de unas estrategias de carácter defensivas que van más allá de la evitación.

Dentro del apego evitativo podemos observar varios subtipos, que se corresponden en cada caso, a los diferentes modelos de relación que desarrollan estos niños para maximizar la vinculación con los cuidadores. Desde el inhibido, que se centra intensamente en el juego con objetivo, y desvía la atención de la relación con el cuidador principal. Hasta el obediente compulsivo, que vive estados de hiper-alerta ante los movimientos y expresiones del cuidador, asintiendo y satisfaciendo sus demandas. Pasando por el cuidador impulsivo, que utiliza conductas complacientes que buscan contentar y cuidar a una figura de apego decaída y retraída. Los tres comparten su inhibición y evitación del afecto negativo (Cantón y Cortés, 2000).

CASO Número IV
Josetxo no puede ir al colegio

Josetxo y sus padres acudieron a nuestra consulta, por primera vez, cuando Josetxo tenía 6 años.

Josetxo llevaba 3 meses evitando ir a clase. Todas las mañanas amanecía con dolor de tripa, excepto el fin de semana. El domingo al atardecer comenzaba a ponerse nervioso y se dormía llorando. El último fin de semana, el llanto había durado prácticamente hasta el amanecer. Su madre vivía su misma angustia y terminaba llorando con él.

Desde el inicio de la escolarización, Josetxo había manifestado ansiedad de separación al acudir a clase, y esta había ido aumentando a partir de la mudanza, o quizás antes. Hacía 6 meses que se habían cambiado de casa y durante los tres meses anteriores, la familia había vivido el estrés de la reforma. La madre nos cuenta cómo ese periodo fue terrible. "Aún me agobio solo de pensarlo" nos dice Ana, la madre. El padre por su parte nos manifiesta que; "no es que haya sido terrible, sino insoportable. Ana ha vivido una agonía con cada gremio". "Y ahora Josetxo me hace esto" sentencia Ana.

El padre continúa; "en realidad, siempre hay algo de lo que preocuparse y parece que Josetxo es igual que ella, todo se vive como un drama".

"Josetxo no me deja vivir, necesita estar pegado a mí constantemente, llego a no soportarlo" expresa Ana. "Si no es él el que se apega a ella, es ella quien lo busca, y no le deja en paz, preguntándole constantemente como está, qué es lo que quiere, no le permite disfrutar de lo que esté haciendo", explica el padre.

Seguimos recogiendo más información sobre la historia familiar. A lo largo de la recogida de datos, quedaba claro que Ana provenía de una saga de mujeres preocupadas cuidadoras, como ella dice; "mi abuela es como mi madre y mi madre como yo. Siempre preocupándonos por todos, cuidando a todos. Yo soy así, y no sé ser de otra forma, y no hay nada malo, en ello".

"No, salvo que no vives y no dejas vivir", puntualiza el padre. A esto Ana replica que quiere que nos centremos en Josetxo, que han venido por los problemas que manifiesta Josetxo, y que está cansada de que todos le hagan responsable a ella, de lo que le ocurre a Josetxo.

En ese momento, era importante respetar a Ana, y no hacerla responsable del estado de su hijo, porque si no, solo íbamos a generar más ansiedad en el sistema familiar. Esto era muy importante a tener en cuenta, si queríamos atender a Josetxo, sin incrementar la tensión en la familia.

Es fundamental ver los recursos con que cuenta el sistema familiar en cada momento y de qué es capaz de darse cuenta cada miembro de dicho sistema.

Partimos, por lo tanto, desde esta premisa. Si ayudábamos a que Josetxo pudiera afrontar mejor la separación materna, se reduciría la tensión familiar, y esto nos permitiría abordar lo no abordable en ese primer momento. Si ayudábamos a que Josetxo pudiera reconocer sus sensaciones y no asustarse de ellas, y a que desarrollara recursos para calmarse, esa capacidad sería también incorporada por el resto del sistema familiar.

Desarrollamos la intervención terapéutica en un espacio compartido por los tres miembros del sistema. Lo cual permitía la intervención con Josetxo, mientras era acompañado por sus padres y servía al mismo tiempo de psicoeducación para los progenitores. Comenzamos por ayudar a Josetxo a que se diera cuenta de las emociones positivas; como por ejemplo, la alegría que sentía al jugar con sus padres o al compartir alguna experiencia con ellos. Evocábamos recuerdos concretos y en cada uno de ellos observaba sus emociones y descubrían dónde sentían corporalmente esas emociones (fase de preparación para el trabajo posterior de procesamiento con EMDR), y también lo que sentían al observar, al darse cuenta de que el otro también experimentaba alegría. "Cuando veo la cara de mamá alegre, siento alegría hasta Japón, en el corazón", nos respondía en una de las dinámicas Josetxo. Los tres, padres e hijo, eran copartícipes de estados positivos. Este darse cuenta de las emociones y sensaciones positivas y de la alegría del otro lo practicaban también en casa.

Posteriormente nos centramos en el miedo que experimentaba Josetxo a separarse de mamá, en momentos como: al irse a la cama, cuando ella salía de casa, cuando se quedaba en la escuela etc., y en identificar dónde lo sentía corporalmente. Los padres se centraban también en las emociones que surgían en ellos: su impaciencia, cansancio, enfado. La elaboración de las emociones paternas la realizábamos en un espacio diferente al de Josetxo. Y también nos centrábamos en lo que ocurría y en lo que sentían al darse cuenta, y leer las emociones del otro. "Cuando veo la cara de mamá, cuando voy a la escuela, me lleno de tristeza, y me duele el pecho y no puedo respirar, porque ella se quiere escapar. Y mi cabeza ve que se escapa muy, muy, muy lejos hasta la luna…". Esta idea le producía pánico, y activaba en Josetxo el llanto de apego. "Veo que papá está muy enfadado, cuando no me duermo a la noche. Muy, muy enfadado, y yo no sé dormir".

Los padres iban percibiendo la respuesta que generaban en su hijo sus estados emocionales. El padre expresaba su sorpresa ante el descubrimiento de que Josetxo pudiera acertar con tanta precisión lo que él sentía en diferentes situaciones, era más capaz que él mismo de darse cuenta de lo que los demás sentían. Corroboramos sin duda este hecho, ya que Josetxo era un niño muy sensible y sensitivo que percibía rápidamente cómo se encontraban las personas de su entorno, y su problema era manejar todas esas sensaciones sin que le desbordaran y angustiaran.

Por su lado Ana llegó a expresar que, aunque a ella no le costaba percibir las emociones de Josetxo, muchas veces le molestaban esas emociones y se sentía mal por tener que hacerse cargo de ellas. Quería que Josetxo no estuviera sintiendo lo que sentía, las vivía como un ataque contra ella, y se sentía culpable por expresarle a Josetxo cosas como: "¿Cómo es posible que me hagas estar perdiendo sueño, con lo cansada que estoy? ¡Ya vale, duérmete, ya!". Conectar con esa responsabilidad le hacía desbordarse emocionalmente y rápidamente lo apartaba de su mente, al mismo tiempo que se enjugaba el llanto.

Fuimos introduciendo recursos para que Josetxo, ayudado por sus padres, pudiera regularse y relajarse cuando experimentaba el miedo a quedarse solo o separarse de su madre. Utilizamos juegos regulatorios como el amigo de la respiración, balancearse sobre las piernas y cuerpo de sus padres a modo de cuna, mientras sentía sus corazones, o imaginar que todos sus miedos eran guardados en cajas bien cerradas, con cerraduras mágicas, que solo él pudiera abrir cuando se viera preparado para ello. Y conectábamos con las emociones y sensaciones agradables que le producían los diferentes ejercicios, reforzando a la vez la experiencia de estar siendo acompañado por sus padres y la vivencia agradable que ello le generaba. Del mismo modo invitábamos a sus padres a que conectaran con las emociones y sensaciones agradables al ser parte activa del bienestar que experimentaba Josetxo al sentirse con capacidad de relajarse y calmarse.

Josetxo cada día iba conciliando el sueño antes, y las despedidas de su madre iban resultando menos angustiosas.

Una vez obtenidas estas habilidades, programamos las sesiones para poder procesar los recuerdos más estresantes de la separación.

Dedicamos 3 sesiones a este procesamiento. En la primera los padres elaboraron una breve narrativa comenzando por: "Había una vez un niño que...", y relatando un recuerdo agradable y jubiloso. A continuación, se centraron en las vivencias de estrés que habían sufrido durante la reforma de la nueva casa y el traslado subsiguiente. Para terminar con la resolución final de disfrutar de una casa confortable, donde había espacios

Mírame, siénteme cristina cortés viniegra

para jugar, correr y pasárselo bien. Ese niño tenía una habitación preciosa justo al lado de la habitación de sus padres, donde podía descansar plácido y seguro. Y ese niño se había dado cuenta de que en la nueva casa ahora estaban todos más tranquilos. Mientras el papá contaba la historia, la mamá le iba realizando sets de E. B (*tapping*) sobre las rodillas.

Josetxo interrumpió para decir, "sí, la mamá está ahora más tranquila y el niño también y más contento". Le pedimos que se diera cuenta de lo que acababa de decir, que tomara conciencia de cómo se sentía al decir esas palabras y dónde las sentía. Nos respondió afirmando, "felicidad en mi corazón". Entonces, le pedimos que se centrara en esa felicidad en el corazón e hicimos un set de EB. "Ya está", "¿puedo ir a jugar?". Y salió corriendo al área de juego.

A lo largo de la narrativa (modelo J. Lovette), el niño se había mostrado muy atento, a la vez que se relajaba y tocaba con la manita la pierna de mamá.

Esa noche Josetxo se durmió rápida y plácidamente.

Los padres reportan que lo ven más contento y resuelto, afrontando pequeñas cosas que antes evitaba.

En la siguiente sesión, preguntamos a los padres sobre el recuerdo que, para ellos, representaba mejor el doloroso momento de la separación en la escuela. ¿Por qué preguntamos a los padres y no a Josetxo? Porque a los niños de esa edad les resulta difícil acceder a los recuerdos, están más focalizados en el presente. Una vez que los padres nos facilitan el recuerdo podemos ofrecérselo al niño y comprobar si le genera cierto nivel de malestar o no. Josetxo, nos dijo que se acordaba de ese día, el día en que se habían olvidado el almuerzo en casa, y cuando su madre se fue corriendo a buscar el almuerzo, dejándolo en la fila para a entrar a clase, a buscar el almuerzo.

Le pedimos que se centrara en ese recuerdo y realizara un dibujo, el dibujo que fuera, al pensar en ese recuerdo. Dibujó un niño solo, en un edificio enorme.

Una vez finalizado el primer dibujo, le pedimos que nos diga que es lo que siente al mirar ese dibujo. Nos dice que miedo, y que lo siente en la tripa. A la pregunta de si hay algún pensamiento feo que acompañe esas emociones, nos responde: "mi mamá no va a venir".

Y a la siguiente pregunta, "y qué es lo que te gustaría pensar", nos responde: "mi mamá está conmigo". ¿Quieres decir, mi mamá va a venir, estoy con ella? "Sí, eso".

Y esa idea, "mi mamá va a venir, estoy con ella, ¿cuánto sientes en tu cabeza, en tu tripa, en tus piernas que son verdad, esas palabras? En la escala de medida nos indica que cero. "Y esa emoción, de miedo, ¿cómo dirías que es de grande? Responde "hasta el infinito y más allá".

Le damos la instrucción: "Quédate con todo eso, mientras miras el dibujo" y le practicamos EB.

Después del set, le pedimos que realice un nuevo dibujo, relacionado con cualquier cosa que le llegue a su mente; recuerdos, emociones, sensaciones, cosas que se pueda imaginar. Seguimos con ese proceso. El niño fue realizando una serie de dibujos, hasta el último, en el cual plasmó, un niño junto a su mamá que le entregaba el bocadillo, y le daba un beso.

Al llegar aquí, el malestar había ido descendiendo hasta llegar a cero, y la creencia positiva, "estoy con mi mamá", era sentida como cierta, tan grande como una casa.

Su mamá, le dijo, "claro que estoy contigo" y le dio un beso. Le pedimos que se quedara con ese beso y las palabras de mamá, "estoy contigo", y que observara lo que sentía en ese instante. A lo cual respondió: "Contento en el corazón". "Quédate con eso", y realizamos un set de EB. "Ya está". Para terminar, fomentamos lo aprendido en el área de juego. "Mamá vuelve, está conmigo".

En la siguiente sesión, los padres nos informan de que Josetxo ha ido a clase sin angustia, a lo largo de toda la semana. Y la madre nos comunica que, como se ha conseguido el objetivo buscado, están muy contentos y han decidido finalizar la intervención.

Mírame, siénteme cristina cortés viniegra

Dedicamos esa sesión a fortalecer los logros adquiridos y a la despedida.

Transmitimos a los padres que nos alegramos de los beneficios alcanzados, aunque consideramos que no están asentados todavía. La madre está convencida de dar por finalizada la intervención y respetamos la decisión tomada.

A nuestro parecer, el proceso no está terminado, y creemos que en unos meses Josetxo puede volver a experimentar ansiedad por separación, de nuevo. También somos conscientes de que la madre se está protegiendo y necesita un descanso para ir integrando lo que ha descubierto a lo largo de estas 7 sesiones.

En este caso, para ayudar a la resolución completa del problema era fundamental lograr que las figuras de apego pudieran estar disponibles emocionalmente, de forma consistente, para poder reducir la incertidumbre de si están o no están. No hubo tiempo suficiente para afianzar estas conductas. Y por otro lado, tampoco había dado tiempo, aunque fuera un objetivo secundario, para que Josetxo alcanzara una maestría mínima en lo relativo a la autorregulación. ¿Por qué secundario? Porque para ser capaz de regularse, de autocalmarse, es necesario que el niño tenga un número suficiente y de la calidad suficiente de interrelaciones con las figuras de apego. En estas interrelaciones es donde es regulado, calmado, ayudado a volver a un equilibrio en su activación fisiológica.

Nueve meses después, nos llama Ana, para concertar una nueva cita. En esta ocasión nos relata que Josetxo lleva 4 meses experimentando de nuevo ansiedad por separación en la escuela y temores nocturnos. Se ha dado cuenta de que también ella evita la escuela, evita los caminos y recorridos que pasan por la escuela, y que solo pensar en el colegio de Josetxo se siente fatal. Incluso ha renunciado a una promoción laboral porque implicaba entrar a trabajar media hora después de dejar a Josetxo en la escuela. La despedida, los llantos son tan angustiantes que necesita casi dos horas para recuperarse y volver a sentirse con energía. Recuerda lo importante que era en las sesiones, que ella y el padre de Josetxo estuvieran tranquilos y relajados para que Josetxo se pudiera relajar y se da cuenta de que si ella no puede pasar por la puerta de la escuela, es imposible que Josetxo llegue hasta la puerta sin sentirse fatal.

¿qué es necesario para conquistar la regulación?

Entre un mar de emociones y saltos a lo largo de la línea del tiempo, nos fue contando cómo a lo largo de estos meses ha estado reflexionando sobre la posibilidad de que quizás sí se pueda vivir de otra manera, sin sufrir tanto, y sin necesitar desesperadamente cuidar de todos. Y más aún, ha descubierto que ese cuidado compulsivo es una forma para que los demás agradezcan sus atenciones y estén pendientes de ella. Y desde luego, no quiere que Josetxo sufra así. Recuerda que en su infancia, intentaba satisfacer y complacer a su madre, y que entonces era muy valorada por ello y que esto le hacía sentirse especial. Pero estos recuerdos vienen acompañados de una sensación de cansancio y agotamiento enorme.

Llegado este momento, ya podíamos abordar lo "no abordable". Estaba decidida a afrontar su torrente emocional y su ansiedad, y buscaba ayuda.

Ana comenzó una terapia personal con un compañero del centro. Y nosotros retomamos la intervención con Josetxo con un enfoque sistémico, atendiendo la interacción y relación familiar. Ayudamos a los padres a conectar y leer la mente de Josetxo; es decir, a mentalizar sus estados y atenderlos contingentemente. Dicho de otra forma, a ser más sensibles y reflexivos sobre sus estados. Ana por su parte fue aprendiendo a autorregular sus estados, sin recurrir tanto a la búsqueda del consuelo en los demás. Paulatinamente fue descubriendo lo importante que era atender las emociones de Josetxo, separándolas de las de ella, sin mezclarlas, y sin hacer responsable, en este caso a su hijo, de su malestar. Esto ha implicado sumergirse en las aguas de su pasado y de su infancia y reparar e integrar sus relaciones con sus figuras de apego.

Por su parte, Josetxo progresivamente fue expuesto a una mayor disponibilidad emocional de Ana y de su padre. Poco a poco fue aumentando la capacidad de sus padres de estar ahí para él, cuando estaba contento. Y cuando no lo estaba, la capacidad de Ana de manejar sus propias emociones y las de su hijo también creció. Y la creencia inicial de Josetxo: "estoy solo" fue transformándose en "mis padres están ahí para mí, no estoy solo". Las respuestas emocionales del sistema familiar se fueron haciendo predecibles. Esto le fue dotando de una seguridad de base que le ha ayudado a manejar mejor su sensibilidad temperamental y a afrontar los retos de su desarrollo.

> En esta segunda intervención se consiguieron los dos objetivos necesarios para poder resolver el problema. Por un lado los padres aprendieron a estar disponibles consistentemente, a mentalizar y atender los estados de Josetxo, y por otro, Josetxo pudo lograr un dominio adecuado en el manejo de sus recursos autorregulatorios. Véase, no asustarse ante sus emociones, relajarse y respirar, llevar la atención a un elemento del exterior que le sirviera para enraizarse, orientarse, y relativizar la experiencia, y evocar situaciones en las cuales era acompañado y contenido por sus padres.
>
> Josetxo podía contar con sus padres para calmarse y regularse (regulación diádica), y podía ir recurriendo a su nueva capacidad de autorregulación. Así, estas capacidades, ambas, se irían desarrollando a lo largo de su proceso evolutivo.
>
> Actualmente Josetxo está terminando Secundaria. Está recorriendo una adolescencia saludable y es capaz de alternar entre las dos formas de regulación; pedir ayuda, sin depender solo del otro y calmarse, regularse solo, porque ha introyectado a sus figuras de apego.

Ejercicio

- Espero que te sientas con más seguridad a la hora identificar los modelos de apego y puedas hacerte una idea del modelo de apego de Josetxo.
- Si puedes recordar tus relaciones con tus padres, ¿consideras que sus respuestas eran suficientemente sensibles a tus necesidades?
- ¿Qué emociones y sensaciones se evocan al conectar con esos recuerdos?
- ¿Puedes recordar que hubiera capacidad mentalizadora en alguno de ellos, que fueran capaces de realizar reflexiones sobre tus estados, motivaciones y te ayudaran a satisfacerlos y manejarlos?
- Si es así, conecta con esas experiencias positivas y observa las creencias respecto a ti mismo que van asociadas con ellas.
- Y si no es así, recurre a la respiración o a alguna estrategia regulatoria saludable para manejar la perturbación que sucede dentro de ti, al darte cuenta de que eso no se dió, de esa fortuna que no tuviste.

¿qué es necesario para conquistar la regulación?

- Si tienes hijos, ¿puedes reflexionar sobre si tienes la suficiente sensibilidad y mentalización para conectar con sus estados? ¿Qué estrategias empleas cuando están experimentando malestar? ¿Te resulta fácil mantenerte junto a ellos y calmarlos o tiendes a minimizarlo o amplificarlo y no atenderlos?
- ¿Cómo te hace sentir el darte cuenta de todo esto?

# 7
Y si las figuras de apego atemorizan...

No hay nada más depredador para un niño que suponer que debe proteger a su madre.

Laura Gutman

7.1. Cuando no estás

Lidia acababa de recibir la respuesta a un email enviado recientemente. Una nueva empresa dedicada a la decoración se iba a instalar en su comunidad y la invitaban al proceso de preselección que se celebraría en dos días en Madrid. Eso significaba que tenía que salir de viaje al día siguiente. Comenzó a preparar mentalmente todo lo necesario, y lo primero que hizo fue llamar a su madre. Sería estupendo que pudieran pasar dos o tres días en casa y atendieran a Eneko. Mikel, precisamente esa semana, también se encontraba de viaje.

A la abuela le pareció fantástico poder compartir unos días con su nieto. Siempre que podían pasaba las tardes con ellos, y su marido y ella disfrutaban viendo cómo Eneko se iba convirtiendo en todo un personaje, como solía ella decir. Las ocurrencias y la forma en la que iba aprehendiendo el mundo le sorprendían. Disfrutaban de este crecer más de lo que habían disfrutado con sus hijas. Ahora disponían del tiempo para ello, no estaban inmersos en el trabajo y en los quehaceres del día a día.

Las visitas de los abuelos siempre eran recibidas con júbilo por Eneko. Su abuelo contaba historias inolvidables. Juntos se adentraban en el mundo de la imaginación. Rememoraban e interpretaban las hazañas vividas por el padre de su abuela, su bisabuelo, en las carboneras, atento a la posible llegada de los lobos; "*Ahora soy ese lobo de ojos azules, esos ojos que el abuelo veía en la obscuridad y me acerco despacito, despacito*". Una sonrisa se dibujaba en la comisura de los labios de su abuela al pensar en ello.

Lidia le comunicó a Eneko que los abuelos pasarían unos días con ellos en casa. Eneko se llenó de excitación "*¡Bien, bien, bien!*". "*No solo eso*", le dijo Lidia, "*seréis los reyes de la casa, porque papá está de viaje y yo tengo una misión muy importante en Madrid. ¿Sabes esa carta que enviamos? Me invitan a participar en el juego de selección*".

"*¡Oh, entonces me voy a quedar solo…!*", (Eneko y Lidia se miraron, y su madre lo envolvió con la mirada), "*Con los abuelos estaré muy bien, tienes que ir a ese juego*". "*Pero vuelve pronto*", añadió Eneko. "*Volveré volando a abrazarte y besarte. Ya sabes voy corriendo y vuelvo volando*". Lidia se acercó a él y lo abrazó suavemente. Eneko se recostó en el hombro de su madre y se dejó mecer. Cuando tuvo suficiente, se soltó y dijo, "*vamos a jugar*".

Lidia acababa de finalizar una entrevista y telefoneó a casa. "*Hola, soy...*", no pudo terminar la frase. Eneko había descolgado el teléfono y gritaba: "*¡mamá, mamá! ¡No sabes lo que me ha ocurrido!, ¡Algo terrible!*". "*¿Algo terrible?*" dijo Lidia. "*Si mamá, algo muy terrible. Estaba jugando en el parque con Asier, con mis coches favoritos, y Asier ha lanzado mis coches a una papelera, y ha comenzado a llamarme tonto, retonto. Yo no soy tonto*". "*Claro que no, cariño, no eres tonto y debías sentirte muy enfadado y disgustado*". "*Sí, mamá estaba tan enfadado como un Tiranosaurio Rex. La abuela me decía que no me preocupara, porque ella podía coger los coches de la papelera, pero yo seguía muy, muy, enfadado. Me dolían los puños y la tripa. Y entonces me he ido debajo del sauce y me he imaginado que estabas a mi lado, conectada a mi corazón como siempre me dices. Y yo sentía tu corazón y tú me decías que tenía todo el derecho a estar enfadado. Y mientras te imaginaba a mi lado, y escuchaba tu voz, me he calmado, como me calmo cuando estoy junto a ti. Ha llegado la abuela, con los coches en la mano, y me he sentido muy contento. La abuela me ha besado y nos hemos ido a casa*".

"*Eneko, cariño, lo que has sido capaz de hacer es muy, muy, importante. ¡Has conseguido un superpoder! El superpoder de calmar tu rabia y tu enfado, tu solo*". "*¿Tengo ese superpoder?*", preguntó Eneko. "*Por supuesto*", contestó Lidia. "*Hoy has hecho uso de ese superpoder*".

"*¡Abuela, abuela, tengo un superpoder!*", ¡gritó Eneko! "*Y ¿cómo ha conseguido mi nieto ese superpoder?*", preguntó la abuela. "*No sé... bueno, si sé. Me lo ha regalado mamá*", respondió Eneko. "*¡Mamá, mamá! Muchas gracias por ese superpoder*".

Lidia, Eneko y la abuela terminaron de ponerse al corriente respecto a lo sucedido en el parque. Lidia no pudo menos que reflexionar respecto a lo que le acababa de decir Eneko; ¡que ella le había regalado su superpoder!

El incidente no dejaba de ser un incidente más, una pequeña frustración y una mera discusión más, como cualquier otra a las que se vería expuesto Eneko a lo largo de su desarrollo y de su vida. Sin embargo algo la hacía relevante y distinta a las anteriores. Eneko con casi 5 años ya, había manejado él mismo la situación y había sido capaz de acceder a la representación de su madre, de ella, de Lidia y a las acciones de contención que ella venía realizando día a día desde su nacimiento. Lidia se daba cuenta del continuo que Eneko había ido experimentado en esta capacidad del manejo del malestar y de la contrariedad. Como en tantas otras de sus conquistas evolutivas, esta capacidad era el resultado de un continuo donde Eneko había sido calmado, acompañado y mecido muchas veces; y había tenido la oportunidad de ir co-construyedo un significado de todas esas situaciones perturbadoras. Por supuesto que antes de ahora había superado trances, acompañado en ocasiones, más o menos solo en otras. Sin embargo, en esta ocasión, había sido capaz de manejar algo que le desbordaba, de calmar su malestar y de serenar al tiranosauro, sin contar con la presencia ni de su padre ni de su madre.

7.2. ¿Cómo me oriento y organizo si lo que vivo no es consistente?

Con más frecuencia de lo que pensamos las figuras parentales no son capaces de cubrir la característica fundamental del apego: la seguridad. La seguridad requiere poder ser predecible, ser consistente.

Entre los elementos claves del apego seguro nos encontramos con la permanencia de la relación, su consistencia y predictibilidad. Esto ayuda a fomentar y consolidar la experiencia de seguridad, consuelo y placer que produce esa relación. La pérdida, o amenaza de la figura de apego genera una intensa angustia (Perry, 2014).

En realidad, para poder estar disponible emocionalmente de manera consistente y atender las demandas emocionales de nuestros hijos; para poder realizar un esquema mental de sus necesidades y emitir una respuesta sensible y reflexiva, es necesario que nosotros mismos nos hayamos liberado de nuestras propias inquietudes, o bien que las podamos manejar sin que nos arrastren, o sin desconectarnos.

En los modelos de apego preocupado-ambivalente, las figuras de apego no consiguen estar disponibles de manera persistente. A veces están disponibles y otras no. Esta disponibilidad depende de su estado de ánimo, o de las necesidades o apetencias del momento presente. Sus respuestas son inconsistentes. Los cuidadores con frecuencia son arrastrados por sus preocupaciones o malestar, y en esas situaciones no son capaces de recoger las necesidades del niño. E incluso les pueden hacer responsables de la incomodidad que les generan sus demandas, debido a la imposibilidad de los padres de manejar adecuadamente sus propias emociones.

En esta sociedad estresada, son frecuentes frases como: "¿No ves lo cansada que estoy?"; "¿cómo puedes pedirme eso?", etc. Implícitamente el mensaje es: "mentaliza mi estado y no me pidas lo que no puedo darte". Les pedimos que sean ellos, los niños, los que mentalicen los estados del cuidador, los que cuiden del cuidador. Así los hijos a menudo son parentizados, es decir, los niños son los que se ven arrastrados a cuidar, a hacerse responsables de sus padres. Hemos de tener en cuenta que esos cuidados son realizados con los recursos de un niño, y por lo tanto se ven desbordados con facilidad y envueltos en una preocupación flotante. Por lo tanto, no es de extrañar que nos encontremos con padres preocupados, que se dedican a rumiar problemas pasados o presentes, y que se sienten abandonados por los hijos conforme estos se van independizando. Esto dificulta la conquista de la autonomía por parte de los niños.

Cuando esto no ocurre, es decir cuando los cuidadores no están inmersos en sus preocupaciones o estados, entonces sí pueden ser capaces de atender adecuadamente, de forma sensible e incluso solícitamente las necesidades del niño. Aun así, su tendencia preocupada no les abandona ni siquiera en esos momentos, y entonces paradójicamente pueden sentirse malos cuidadores.

Estas respuestas son el resultado del aprendizaje de las relaciones establecidas previamente con sus propios cuidadores. Sus padres no fueron lo suficientemente consistentes en sus respuestas y como resultado, surfearon en un oleaje de preocupación, deseando e intentando adivinar si ahora sí, su madre y/o su padre estaban ahí para él. Y fueron desarrollando estrategias para garantizarse en la medida de lo posible que "sí" estaban ahí. Y aprendieron de forma no verbal, sino interrelacional, que cuando uno no está bien, se queda absorto en su estado de malestar y no ve al otro.

Este modelo de apego se da entre el 4% y el 22% de las familias que se caracterizan por relaciones aglutinadas (Spieker y Booth, 1988).

Los niños que se desarrollan dentro de este modelo se muestran angustiados, nerviosos, incluso hostiles en las interrelaciones con el cuidador principal. El niño no sabe nunca de antemano si el cuidador responderá de forma sensible o desvinculada, más conectado con sus propias preocupaciones que por las de su hijo. Esta incertidumbre provoca ansiedad. La amenaza de la pérdida inunda la relación, y por ende, la ansiedad por separación es frecuente.

En su neblina mental, cobra fuerza con diferente consistencia la idea de que su cuidador puede fallar, o no estar; y que él, el niño es el culpable o responsable de ello. De esta forma, el niño experimentará inseguridad respecto a lo que pueda suceder, y manifestará ambivalencia respecto a la figura de apego. Intentará resolver esa angustia buscando constantemente el apoyo de la figura de apego, llegando a abrumar al cuidador por la persistencia, y consiguiendo en muchas ocasiones la saturación o el rechazo del cuidador, en lugar del acercamiento. Terminará desarrollando una preferencia por la regulación diádica; buscará ser calmado por el otro, aunque esta búsqueda estará ensombrecida por la idea de que siempre le fallan, que no puede confiar, y de esta forma no logra percibir seguridad.

Normalmente manifiestan resistencia ya sea activa y/o pasiva contra los cuidadores principales por medio de quejas y conductas coléricas, demandando acciones resolutivas por parte de los cuidadores ante conflictos y situaciones que no son capaces de solventar por ellos mismos. Una de las características de este grupo es su dependencia respecto del cuidador principal, llegando incluso a exagerarla, mediante comportamientos inmaduros, así como la búsqueda de ayuda mediante la complacencia y la seducción.

Es igualmente frecuente la ambivalencia respecto a la proximidad y el contacto físico del cuidador. Por un lado lo demandan, pero cuando ya lo tienen, lo pueden rechazar.

Desarrollan una imagen negativa de sí mismos y exageran sus respuestas emocionales para obtener atención (Kobak et al., 1993).

Dependiendo de las estrategias que vayan creando para adaptarse a la relación interparental y de sus rasgos temperamentales nos podemos encontrar con diferentes subtipos de este tipo de apego. Por un lado, los que utilizan la fuerza para controlar al cuidador, con diferentes gradientes, como por ejemplo, el amenazante que manifiesta conductas de resistencia, con amenazas y chantajes para conseguir atención y lograr sus objetivos ante el cuidador principal, y más aún, si el cuidador manifiesta debilidad o miedo a ese tipo de conductas. O el punitivo, que manifiesta conductas de cólera extrema y de rechazo para hacerse con el control de la figura de apego. Pueden recurrir a avergonzar al cuidador o ponerlo en evidencia para que se someta y obedezca. O todo lo contrario, niños que alientan conductas seductoras, indefensas, para conquistar al cuidador y lograr que satisfaga sus deseos, como ocurre con el desarmante y el indefenso, quienes exageran la indefensión ante la figura de apego, mostrándose ineptos, necesitado de ayuda. Estos niños muestran una mayor habilidad exploratoria en ausencia del cuidador (Cantón y Cortés, 2000).

7.3. Si, además, las figuras de seguridad atemorizan: padres con apego no resuelto-desorganizado, niños desorganizados-desorientados

Ya hemos visto cómo fue introducida una cuarta categoría dentro de las respuestas que pueden emitir los niños ante la separación y la reunión. Main y Weston, (1981) detectaron que el 13% de casos no encajaban en ninguno de los patrones anteriores. Main y Solomon, (1986, 1990), desarrollaron un nuevo patrón de apego: el modelo desorganizado/desorientado.

Estos niños, cuando experimentan estrés o malestar, sienten simultáneamente la necesidad de acercarse a las figuras de apego en busca de consuelo y de huir de ellos a causa del miedo que les inducen. Se considera que, para estos niños, el cuidador es tanto fuente de consuelo como de terror (Main y Hesse, 1990). Si al mismo tiempo el cuidador es peligroso o amenazante, el niño tiene la necesidad de evitarlo y de defenderse. Las conductas de la figura de apego crean en el niño situaciones que le resultan paradójicas, irresolubles y problemáticas.

Niños desarrollados bajo este modelo de apego manifiestan conductas sumamente contradictorias, como buscar intensamente la proximidad y pasar a rechazarla de forma activa inmediatamente. Nos podemos encontrar con acciones como alargar los brazos demandando acercamiento y echar hacia atrás el torso, dos movimientos corporales contradictorios con significados simultáneos de acercamiento y de distanciamiento. Es frecuente que se muestren como aturdidos o desorientados al encontrarse con el cuidador. Sus conductas son el reflejo del miedo y la confusión que experimentan frente a la figura de apego.

Posteriormente se constató que la ausencia de respuestas, es decir la negligencia por parte del cuidador también genera desorganización en el niño (Lyons-Ruth, et al., 2005). La idea de que la negligencia es igual de perniciosa también ha sido apoyada por una amplia selección de investigación con primates (p. ej. Kraemer, 1992).

Este tipo de desorganización nos la encontramos en ambientes negligentes donde no existe la experiencia de ser visto ni física ni afectivamente, y donde no se llegan a cubrir las necesidades básicas de cuidado y estimulación. Así como en familias donde se vive maltrato explícito del niño o comportamientos violentos intrafamiliares. Y también a través del contagio emocional del miedo impotente experimentado por alguno de los cuidadores o miembros de la familia. En este último caso, nos encontramos con desarrollos similares a un desarrollo traumático clásico sin estar asociado a maltrato directo explícito (Hesse et al., 2003; Hughes, 2006). Podemos considerar que el niño ha experimentado mediante el espejeamiento, el mismo terror que si le hubiese sucedido a él mismo. El espejeamiento empático es mediado en las interacciones básicas más significativas y relevantes entre madre y niño que se producen habitualmente en el área visual (Kohut, 1971). Como resultado de la fusión empática de la psique rudimentaria del niño con la organización psíquica del cuidador, el niño experimenta los estados afectivos de la figura de apego como si fueran los propios (Kohut, 1977). Suponemos que este contagio emocional positivo también se produce ante los estados perturbados de la madre. Investigaciones recientes apoyan también esta idea junto a la de que las interacciones sutiles de apego que regulan las emociones alteran de modo permanente el cerebro al establecer y mantener los circuitos límbicos en desarrollo (Ziabreva et al., 2003). No podemos olvidar que la organización del cerebro en desarrollo se produce en el contexto de un vínculo con otro cerebro (Schore, 2010). Según Kohut, las fallas traumáticas de la madre (del cuidador principal) en el espejeamiento empático conducen a defectos duraderos en el self emergente del niño.

Se ha sugerido que estos comportamientos desorganizados de los niños parecen estar relacionados con las experiencias traumáticas de apego de los padres. Estos suelen haber vivido situaciones de indefensión ante la agresividad y violencia de sus propios padres, y proyectan estas experiencias en sus hijos, o han tenido un trauma reciente que no han logrado remontar (Ainsworth y Eichberg, 1991). Los cuidadores exhiben conductas donde se mezclan los estilos evitativos y/o ambivalentes, junto a las conductas que denotan el conflicto sin resolver de acercamiento y evitación generado por el miedo a su propia figura de apego. Estadísticas recientes lo sitúan entre 15% y el 25% (Spieker y Booth, 1988) y llega a alcanzar hasta el 80% en casos de maltrato intrafamiliar.

La base de la desorganización del apego desorganizado consiste en la activación simultánea y contradictoria de los sistemas de defensa y de apego. El sistema de apego implica la búsqueda de acercamiento a las figuras de apego ante el peligro, y el sistema de defensa supone activar la lucha o huida ante la amenaza. El sistema de defensa en la infancia también activa el sistema de apego mediante la búsqueda activa del cuidador y acercamiento al cuidador. Si la figura de apego activa ambos sistemas simultáneamente porque representa al mismo tiempo fuente de peligro y fuente de protección para el niño, este se encuentra ante una paradoja sin solución, el miedo experimentado no se resuelve ni con conductas de acercamiento, ni con comportamientos de alejamiento, de huida. Solo hay una salida: la desorganización y desorientación del comportamiento.

Este comportamiento desorganizado y desorientado oscila entre las representaciones del otro (el cuidador) que simultáneamente aparece como dispuesto a ofrecer cuidados, o incapaz de ofrecerlos; que puede mostrarse a veces violento y otras asustado e impotente (la figura de apego maltratada, humillada, amenazada, no puede proveer de seguridad y contención) y las representaciones consiguientes de sí mismo (el niño) como necesitado de cuidado; receptor de ese cuidado, y amenazado o abandonado.

El modelo operativo interno que se terminará desarrollando estará compartimentado en estos dos o más estados tan contradictorios, que hacen que el niño se desorganice y se desoriente, pudiendo llegar incluso a la disociación.

Bajo el impacto del trauma evolutivo, se desarrollan estructuras regulatorias defensivas y defectuosas específicas que se encuentran en el núcleo de la enfermedad mental (Schore, 2002). La investigación longitudinal del apego demuestra y establece una asociación entre eventos traumáticos en la infancia y tendencia a la disociación, descrita como "desapego respecto de una situación intolerable", "el escape cuando no hay escape" y "una estrategia defensiva de último recurso" (Schore, 2003).

7.4. La neurocepción de estos niños atemorizados

"El neonato se orienta hacia el olor de la madre, busca el pezón, la mira a los ojos y se agarra a su pelo. (…) Los ojos del niño se orientan hacia los ojos y la cara de su madre. Las primeras sonrisas del niño también son un reflejo controlado por el tronco del encéfalo para atraer a sus cuidadores" (Cozolino, 2002).

Desde el primer contacto físico con la madre empezamos a decidir si podemos recurrir a ella en busca de consuelo.

Tanto si nuestro llanto evoca su presencia tranquilizadora, como si nuestra angustia suscita en ella irritación, indiferencia o miedo, estas experiencias se registran en nuestra memoria emocional y guían nuestra evaluación posterior de la seguridad o el miedo en situaciones posteriores.

En el desarrollo del cerebro de ese neonato lo primero que surge en ese desarrollo individual y evolutivo es el nivel "inferior" del cerebro, el tronco del encéfalo (cerebro reptiliano). Situado sobre la columna vertebral, regula las funciones corporales básicas (ritmo cardíaco, respiración, digestión) y activa los reflejos, incluidos los que "impulsan" el proceso de apego.

En el tronco encefálico nace el nervio vago, uno de los pares craneales que regula nuestras respuestas en situaciones que experimentamos como seguras, peligrosas o amenazadoras para la vida. La mayor parte de la inervación parasimpática (encargada de las conductas relajantes) proviene del nervio vago, que parte del cerebro e inerva la cara, el tracto gastrointestinal, el tracto respiratorio, el corazón y las vísceras abdominales. El funcionamiento de este nervio sustenta la *teoría polivagal* de Stephen Porges (Porges, 2011).

El sistema nervioso autónomo se divide en dos ramas, una el simpático y la otra el parasimpático. El sistema simpático se vincula con las respuestas de "lucha o huida", y el sistema parasimpático con el funcionamiento normal, con estados de calma y serenidad.

Este modelo ha ido evolucionando en diversas teorías del equilibrio y una de ellas es la *teoría polivagal* de Stephen Porges. De acuerdo a la *teoría polivagal*, el sistema nervioso reacciona a los desafíos del mundo de una manera jerárquica.

Por lo general, reaccionamos con nuestro sistema más reciente, el parasimpático ventral vagal. Esta vía del nervio vago está mielenizada y surge en la evolución filogenética con la aparición de los mamíferos para promover estados de calma, autosedación, compromiso, alianza, etc. Cuando esto no funciona, se activa el sistema simpático-adrenalino para movilizar las conductas de lucha y huida. Y cuando esto tampoco funciona, se pone en marcha el sistema vagal más antiguo, el parasimpático vagal dorsal, propio de los reptiles, que activa la congelación o el sistema de apagado.

Mírame, siénteme cristina cortés viniegra

El vago es el nervio principal del sistema nervioso parasimpático. La vía más reciente regula el sistema de participación social. Este solo puede expresarse cuando el sistema nervioso detecta un medio ambiente seguro.

Las conductas de compromiso social parecen estar dirigidas por un estado visceral del cuerpo. Dichas conductas, promovidas por el sistema de interconexión social, tales como la creación de contacto visual, la escucha, las sonrisas, etc., requieren abandonar nuestra hipervigilancia, sentirnos tranquilos. El sistema de participación social determina la calidad de esas interacciones, la expresión facial, la entonación de nuestra voz, los movimientos de cabeza e incluso los movimientos de las manos.

Con la aparición de los mamíferos surgen los cuidados parentales. Los mamíferos son incapaces de cuidar de sí mismos, dependen para ser alimentados, amamantados por la madre. Junto con la evolución, también evolucionaron nuestras señales sociales, la expresividad facial, el contacto ocular, el llanto, las vocalizaciones y los movimientos de succión. Aparecen las conductas de apego como mecanismo de supervivencia. Las conductas de apego solo se pueden promover en un entorno seguro, como por ejemplo, la inmovilización sin miedo que es positiva y agradable propia de las conductas de alimentación de las crías y de las relaciones de apareamiento sexuales, o el juego.

A medida que los reptiles evolucionaban hasta aparecer los mamíferos, la regulación neural del corazón y los pulmones también fue cambiando. Llegando a ser regulados por el área del cerebro que también controla los músculos faciales, el nervio vago ventral.

Las conductas de búsqueda de conexión del apego y alimentarias son las mismas que terminan propiciando la calma y el consuelo. Es decir, las mismas conductas involuntarias del recién nacido, imprescindibles para su subsistencia; como la regulación neural del rostro que proporciona señales conmovedoras, la expresividad emocional, o la ingestión de comida, la respiración abdominal y las interacciones faciales. Todas ellas están relacionadas además con la forma en que se regulan nuestros cuerpos. Forman parte del repertorio básico de los mamíferos para los comportamientos relacionales y para alcanzar estados regulatorios.

7.4.1. ¿Como propiciamos calma en los otros?

Cuando queremos intimar, generar un estado de acercamiento, de seguridad y calma en el otro, modulamos la voz, hablamos en un tono suave y bajo. Estos tonos activan el comportamiento de la escucha, y nos aseguramos de que la persona se encuentre en un ambiente tranquilo donde no haya ruidos de fondo fuertes. La escucha es un "motor" de actuación que consiste en tensar los músculos en el oído medio. Los músculos del oído medio están regulados por el nervio facial, que también regula el levantamiento de los párpados. Cuando estamos interesados en nuestro interlocutor y en lo que nos está diciendo, levantamos los párpados y tensamos al mismo tiempo los músculos del oído medio. Entonces estamos preparados para escuchar su voz, incluso en entornos ruidosos. Igualmente la expresividad facial, los parpados levantados, el contacto ocular y los movimientos de contención y atracción de las manos propician la atención del otro y ese estado de serenidad, de seguridad y conexión. Sin embargo unos parpados caídos, unos ojos inexpresivos, desconectados, pueden ser interpretados por la otra persona como una falta de interés, un rechazo o indiferencia.

Los nervios que regulan el corazón y los pulmones están relacionados con los nervios que regulan la musculatura estriada de la cara y la cabeza, y con la regulación cortical de las áreas del tronco encefálico, que hacen posible ese estado sereno, regulado. La respiración diafragmática, la coherencia cardíaca, la expresividad emocional, la ingestión de comida, la música y las interacciones sociales están íntimamente relacionadas con la forma en que se regulan, se calman, se sosiegan nuestros cuerpos. Los mecanismos que intervienen en el comportamiento social pueden ser utilizados para calmar y promover la salud. El poder del sistema de participación social es impresionante, tanto por sus efectos sobre el comportamiento y el estado mental, como por la velocidad con la que trabaja. Al usar los músculos de la cara y la cabeza para modular nuestro compromiso social activamos un cambio en nuestro estado fisiológico, mediante el aumento de la influencia vagal sobre el corazón y de esta forma frenamos el sistema simpático-adrenalino, de la lucha o huida. Esto nos permite estar más conectados con el exterior y con nuestros cuerpos, más comprometidos con lo que estemos viviendo, experimentando (Porges, 2011).

Es difícil encontrar estas características en familias que sufren violencia doméstica. En este caso el estado predominante va a ser una hipervigilancia que intenta anticipar el peligro y un intento desesperado de ser invisible, no visto.

7.4.2. Cuando se activan los otros dos sistemas

Nuestro sistema nervioso evalúa el riesgo y la seguridad del medio ambiente. Lo hace de forma automática y constante todo el tiempo. Es como un radar, detectando constantemente si estamos a salvo o no. **La neurocepción** es la forma que tenemos de discriminar, de diferenciar si personas o situaciones son seguras o amenazantes antes de tener conciencia de ello. Esta acción se lleva a cabo desde el interior de nuestros órganos, detectamos la amenaza, el peligro sin consciencia, antes de elaborar una idea de ello (Porges, 2003, 2011).

Cuando el refugio materno o del cuidador repentinamente se convierte en fuente de amenaza, se produce inicialmente una hiperactivación del sistema simpático que genera respuestas autonómicas como incremento de las sensaciones corporales, activación de la hipervigilancia, manos sudorosas, y un aumento significativo de la frecuencia cardíaca, de la presión arterial y la respiración. Estas respuestas preparan para la lucha o huida. En el caso de un bebé o un niño es difícil que puedan recurrir a alguna de estas dos estrategias. Y dado que el mantenimiento de este estado es altamente nocivo para el cerebro, la reacción consiguiente es un estado de conservación de energía de predominio parasimpático. Este mecanismo vagal dorsal de conservación de energía, de inmovilización defensiva, se pone en marcha en situaciones desesperadas de estrés e indefensión, en las cuales el individuo se congela, se inhibe y busca evitar la atención con la finalidad de volverse "invisible". En este estado paralizante (tono muscular rígido, incapacidad de hablar), el alto tono del simpático sube y después rápidamente cambia a un tono alto parasimpático. Se asemeja al estado del ciervo congelado, paralizado frente a los faros de un vehículo, dispuesto a salir huyendo en cuanto pueda.

Además podemos llegar a experimentar colapso vagal dorsal (tono muscular flácido debido a hipoactivación). Se produce una disminución de las sensaciones corporales, entumecimiento de las emociones, anestesia, analgesia, disminución de los movimientos, bajo ritmo cardíaco, disminución respiratoria (reflejo de buceo), baja presión sanguínea y embotellamiento del pensamiento o bloqueo cognitivo. Es similar a la muerte fingida que puede vivir el lagarto, que no ve escape ante el depredador y colapsa, aparentemente muerto, y recobra el movimiento tiempo después cuando ha pasado el peligro.

El maltrato y la negligencia en la niñez están asociados con influencias adversas sobre el cerebro/mente/cuerpo del niño alterando la trayectoria evolutiva del self, del cerebro y de la identidad a lo largo del ciclo vital (Schore, 2010).

CASO Número V
Carmina grita "¡puta, ponme el desayuno!"

Carmina y su madre llevan acudiendo a consulta 9 meses, en el momento de la consulta Carmina acaba de cumplir 6 años y estaba cursando 3º de E.I.

Sus padres hacía dos años y medio se habían separado. La custodia la tenía la madre, y de acuerdo al régimen regulador acordado, Carmina debía estar con su padre todos los miércoles y fines de semana alternos. La recogida se producía el viernes a la salida del colegio y la entrega el domingo en el domicilio de la madre. Las vacaciones estivales están acordadas por quincenas alternas con cada uno de los progenitores.

El padre ha consentido que acuda a terapia, porque tanto el centro escolar como el pediatra consideran que Carmina requiere apoyo psicológico.

Presenta sintomatología variada de carácter ansiógeno, además de enuresis nocturna permanente y diurna ocasional, con encopresis esporádica. Destacaban las dificultades para conciliar el sueño, pesadillas y terrores nocturnos, miedos varios e intensos, explosiones de ira y rabia, tendencia a la desconexión y desvinculación y apatía generalizada.

Nació con bajo peso y problemas respiratorios.

Mírame, siénteme cristina cortés viniegra

Según su profesora es una niña reservada que interactúa escasamente con sus compañeros, se dedica más a observar y manifiesta conductas intimidantes y manipulativas con una compañera tímida e inmadura. Con los adultos prácticamente no se relaciona, y atiende las demandas que le puedan solicitar de forma autómata y con escaso compromiso.

Hasta el momento no presenta dificultades académicas, aunque la profesora sospecha que conforme avancen los cursos puede manifestar problemas atencionales.

El día que vimos por primera vez a Carmina y a su madre, ambas llevaban dibujada la misma sonrisa inerte. La madre, en la entrevista realizada con ella, nos manifiesta que su principal preocupación es que Carmina no expresa sus emociones y siempre sonríe como si no le ocurriese nada. Recientemente ha comenzado a mostrase agresiva verbal y físicamente con ella. No sabe lo que hacer para que las cosas que han ocurrido no afecten a Carmina. A partir de aquí se desmorona y comienza a narrar de forma inconexa y desorganizada su historia. Sus padres son autónomos dedicados a un negocio familiar, ella ha sido atendida y cuidada fundamentalmente por su tía. Se enamoró muy joven del padre de Carmina, y a los 3 años de conocerse se casaron. Algo le decía internamente que no debía casarse con él, incluso sus amigas le avisaban de que no era su tipo, pero al mismo tiempo se sentía arrastrada hacia él. Desde entonces, de esto hace doce años, ha vivido un infierno que aún no ha terminado.

Una vez estuvo a punto de poner una denuncia, pero cuando llegó a la puerta de la comisaría, el terror la venció y regresó a casa. El miedo y la vergüenza eran tan grandes que no le permitieron continuar. Aún recuerda cómo temblaba, pasadas varias horas. Hoy se arrepiente de su cobardía, de no haber realizado la denuncia entonces, porque de haberlo hecho, ahora estaría en otra situación. Sin embargo no es así, y según sus palabras "ahora no tiene nada que hacer". Según su abogado es su palabra contra la de él, no tiene ninguna prueba sustancial y cualquier intento de denunciar los malos tratos perpetrados anteriormente por su exmarido sería visto como una maniobra para evitar las visitas de Carmina con su padre. El abogado por tanto, no recomienda la denuncia.

Es cierto que su exmarido nunca ha pegado a Carmina, al menos cuando convivían juntos. Y ahora Carmina, la hija, le dice a la madre que a ella no le pega, pero que a veces sí le asusta con sus gritos. En casa de la abuela paterna todos gritan, según la niña. Carmina prefiere ir a la casa nueva de su padre con su novia, allí se olvidan de ella, y puede estar tranquila. Hasta el momento, Carmina no ha pernoctado en casa del padre, porque solo ante la idea de hacerlo, se echa a llorar y manifiesta un rechazo frontal, incluso se orina encima. Después de varios intentos fallidos, el padre ha accedido a suspender las pernoctas hasta los 8 años, y mantiene con ella visitas de un par de horas los miércoles y los sábados alternos. En los últimos meses no ha acudido a varias de las visitas, coincidiendo con el inicio de su nueva relación.

La madre se pregunta si el miedo de la niña a dormir en casa del padre puede estar relacionado con lo que ocurría cuando era bebé. Nos relata que Carmina era un bebé que lloraba constantemente. Recuerda que la matrona, nada más nacer Carmina, le dijo que no había visto nunca un bebé tan asustado. El día más triste de su vida fue cuando supo que estaba embarazada, solo de pensar lo que le esperaba a ese hijo. "El embarazo fue terrible, le molestaba mi barriga, y me decía barbaridades, y con frecuencia me golpeaba. Yo gritaba ¡en la tripa no!, ¡en la tripa no!, me quería morir, me sentía una mierda y me quería morir". "Como no había forma de calmar a la bebé, yo la metía en la cama conmigo y a veces se malhumoraba y me golpeaba". "Yo protegía a Carmina con mi cuerpo, solo pensaba, ¡a ella no!, ¡a ella no!".

Nos cuenta que todos estos años los ve como una neblina, no tiene más que vagos recuerdos. Fue perdiendo sus amistades y relaciones, porque no podía salir sin él. Solo sabe que se esforzaba en seguir viviendo, primero por su trabajo, luego por la niña. Comenzó la andadura de un viacrucis hospitalario. Tenía todo tipo de síntomas; taquicardias, problemas digestivos varios, etc. que finalmente diagnosticaron como colon irritable. Últimamente está mejor. Recuerda que uno de los médicos le insistía una y otra vez que si había algún problema del que quisiera hablar, que se sintiera libre para expresarlo.

Mírame, siénteme cristina cortés viniegra

Cuando estaba con sus amigos todos le decían que había perdido la ilusión que la caracterizaba, su brillo. Ella se esforzaba en sonreír, como si no ocurriera nada, igual que hace Carmina.

Cuando su exmarido perdió el trabajo las cosas empeoraron. Deudas, consumo de coca, amenazas de sicarios, ella se sentía constantemente amenazada y un día, cuando él volvió a encontrar trabajo, se fue de casa. Según él, ella era tan patética que no la aguantaba. Le dijo que se iba a quedar con la niña. Ningún juez decente le daría la custodia pues no servía para nada. Un año antes, finalmente, había hablado con sus padres y había comenzado a ser asesorada por un abogado. Guiada por este, había dado varios pasos para proteger sus intereses y los de su hija. No recuerda nada de los meses del proceso del divorcio. No sabe cómo transcurrió ese periodo, ni de dónde sacó las fuerzas para salir adelante. Solo sabe que el proceso de separación un día terminó y que ella tenía la custodia. El exmarido le amenazó con quitarle la custodia de sus manos. Le dijo que no se detendría hasta conseguirlo. El ex marido le ha puesto dos denuncias y las dos las ha ganado ella. Estos dos años han estado teñidos de un negro espesor debido a los juicios y al miedo a perder a su hija.

Su vida está marcada. No sabe si volverá a ser la que fue en su día, una chica jovial y despreocupada, sin miedo. La semana pasada coincidieron en el festival de fin de curso. La posibilidad de estar cerca de su ex, de hablar con él, le genera una ansiedad enorme. Afortunadamente su madre la acompañó. Estuvo a punto de desmayarse.

"¿Es normal, verdad, que si yo tengo ese miedo mi hija también se lo tenga? ¿Que le aterre dormir con él, si me aterraba a mí?". "Yo nunca le he dicho nada de su padre ni bueno ni malo. Ha oído los gritos y quizás los golpes ¡No sé si los ha visto! Yo siempre le decía:"mi amor, no pasa nada, mamá está bien, mira cómo sonrío, –¿ves cómo sonríe mamá?"– y ella también sonreía en su seriedad". "Y ahora, poco a poco se ha ido transformando. No sé de dónde saca ese tono de voz y esa fuerza, pero como algo la contraríe, se vuelve como una loca, gritándome: –¡inútil, no sabes hacer nada!–" ¡Y cómo me manda, como si fuera su esclava!:

y si las figuras de apego atemorizan...

–¡Puta ponme el desayuno!–, igual que hacía su padre. Y yo no digo nada. Le sirvo el desayuno y espero, porque sé que luego vuelve a ser la misma, y vuelvo a encontrarme con mi niña". "Ella me dice que tiene amigas, pero yo sé que no las tiene, que está sola".

"Conforme he ido hablando me he ido dando cuenta de mi historia, de nuestra triste historia". Y comienza a llorar, un llanto silencioso, y profundo y la acompañamos en ese llanto hondo, en ese dolor del que comienza a tomar conciencia".

Le explicamos cómo al expresar damos el primer paso para tomar consciencia de lo que vivimos. Narrar nuestra historia, nuestras vivencias y experiencias implica poner un orden y dar un sentido a lo vivenciado. Y al situarlo temporalmente, facilitamos un distanciamiento y de esta manera, podemos darnos cuenta de que no está ocurriendo ahora, en el presente. Esto ya supone un nivel de integración. Al mismo tiempo, en este caso implica tomar contacto con la pérdida de lo que pudo ser y no ha sido, y supone conectar con la tristeza de la pérdida del duelo. Esa tristeza lleva mucho tiempo esculpida en su cuerpo, en su rostro, aunque haya intentado esconderla detrás de su sonrisa y era importante que conectara con el contenido emocional de esa tristeza, como estaba ocurriendo en ese momento, y que se permitiera vivirla y expresarla. Tenía que recobrar la capacidad de expresar sus emociones y darles un sentido, y permitir que se expresaran las sensaciones corporales que las acompañaban. Ese era el primer paso para que su hija pudiera expresar igualmente sus emociones; que su madre se permitiera expresarlas y no las recubriera con esa sonrisa vacía.

Le sugerimos que un buen inicio podía ser dejar de sonreír mecánicamente y que se diera cuenta de qué ocurría dentro de ella. "Está bien", nos dijo, "lo voy a intentar". Se centró en sí misma y dejó de sonreír. A continuación nos informó de que sentía un gran alivio, era como liberarse de una labor muy pesada, su mandíbula se aflojaba y podía sentirse más aquí, en el presente. Le indicamos que se quedara con esas sensaciones y la conciencia de una mayor presencia y que continuara practicándolo también fuera del gabinete. Era conveniente que no intentara encubrir sus emociones, y que buscara las palabras precisas para describirlas. Y que hiciera partícipe a Carmina de esa expresividad y contextualización de lo que vivía. Pasamos a practicar cómo lo podía realizar delante de su hija, acomodando la información a su edad y desarrollo. Y acordamos comenzar la psicoterapia con ambas.

En la interacción del cuidador con la bebé/niña la conexión integral natural que se produce en el cuidador entre su estado corporal y sus expresiones faciales y vocales son detectadas por el bebé/niño, activando en la niña distintos tipos de respuesta. Por ejemplo, si el cuidador emite mensajes de seguridad, la niña responde comprometiéndose, interesándose, implicándose en esas señales. Ante las señales de peligro o amenaza por parte del cuidador, la niña responde con conductas de alejamiento, huida o ataque. Esta última es más improbable en el caso de un bebé o en un niño. La respuesta de ataque es más común en la segunda infancia y en la adolescencia. Cuando no hay salida o posibilidad de escape, el niño puede entrar en estados de aletargamiento o muerte fingida (Porges, 2011).

Este sistema de comunicación bidireccional que liga estados corporales con expresiones faciales y vocalizaciones o prosodia de las figuras de apego constituye la antesala al sistema de comunicación social, o de intercambio social entre el cuidador y el bebé/niño, e implica los mecanismos afectivos comprometidos con los recursos regulatorios, tanto para calmar como para reparar la desregulación de las desintonías (Porges, 2011).

Al mismo tiempo, en la sala de exploración infantil, Carmina estaba siendo evaluada. Entre las pruebas realizadas, se le pasó una prueba de evaluación apego. La metodología más frecuentemente utilizada para explorar los modelos internos de apego en la infancia de 3 a 9 años es por medio de la prueba de historias incompletas, la prueba *Incomplete Doll Stories* (IDS), diseñada por Cassidy (1988).

Esta prueba consiste en la recreación de un escenario donde una familia es representada por muñecos humanos, con un niño o niña del mismo sexo del evaluado como protagonista. El protagonista debe resolver una situación de estrés dentro del contexto familiar. Se le presentan 6 historias para ser completadas. El evaluador representa el inicio de la historia y se le solicita al evaluado que complete la historia. Se valora tanto el lenguaje verbal como no verbal.

Carmina no mostró mucha interrelación entre los miembros de la familia de muñecos. Sus movimientos eran lentos, sin expresividad, o alterados, donde predominaban secuencias caóticas, llenas de violencia. Este tipo de representaciones son propias de apegos desorganizados.

En la prueba había quedado reflejada la representación interna que tenía Carmina de los estados emocionales de sus dos cuidadores; por un lado la congelación, inhibición e indefensión de la figura materna y por otro la fuerza, fuera de control, y la violencia de la figura paterna. Estas dos representaciones internas formaban parte de los estados emocionales de Carmina. Dos estados que estaban adquiriendo demasiada diferenciación y que se manifestaban con un repertorio de conductas muy diferentes.

No cabía duda de que Carmina había experimentado como propio el miedo de su madre, el contagio emocional (Miller, Stiff y Ellis, 1988); es decir, el proceso afectivo por medio del cual, cuando un individuo observa sufrimiento en otro, experimenta paralelamente las mismas respuestas emocionales a las emociones reales o esperadas de aquella otra persona.

En este caso, la persona que presencia el dolor del otro es primero un bebé, más tarde una niña. Si tenemos en cuenta que es un bebé, una niña quien está ante el rostro de su madre experimentando indefensión, depresión y desconexión, nos hacemos una idea de cómo se produce en este caso el entonamiento afectivo (Stern, 1985), facial y emocional, entre el bebé y su madre, entre el rostro de un bebé y el rostro de su cuidador principal. Resulta fácil imaginar a qué emociones y representaciones faciales ha estado expuesta Carmina y cómo la niña las ha ido haciendo propias.

En el experimento conocido como "El juego del rostro inmóvil" de E. Tronick, se puede observar el sistema bidireccional de comunicación afectiva entre los bebés y sus cuidadores principales. En él se puede ver cómo el bebé va replicando los gestos y expresiones de su madre, y cómo hace todo lo posible por obtener la respuesta materna, incluso a edades tan tempranas, como los tres meses. En dicho experimento queda de manifiesto cómo el bebé no tolera la falta de respuesta materna y cómo ante el vacío materno, manifiesta malestar y termina desorganizándose.

Las madres que padecen depresión, habitualmente muestran dificultades para percibir e interpretar las señales comunicacionales de sus niños, afectando negativamente al desarrollo de la comunicación y las habilidades socio-emocionales del niño. (Cohn, Matias, Tronick, Connell y Lytns-Ruth, 1986). Si la depresión además es anterior al parto, durante la gestación, en esos casos la depresión materna literalmente produce cambios bioquímicos en el feto (Field y cols, 1984, 1988). Y estos lo predisponen a tener ciertas dificultades en su organización conductual en la etapa posparto y en su desarrollo futuro. Son neonatos con menor tono, mayor irritabilidad y más propensos al llanto y difíciles de calmar (Lattimore y cols, 2005).

Cuando la madre está deprimida, en bebés de hasta cuatro meses se puede observar una expresión facial deprimida o triste. Evitan la mirada de su madre más frecuentemente, están más irritables, e interactúan así también frente a un extraño (Field y cols, 1984, 1988).

Una madre deprimida se comporta con más indecisión respecto a qué hacer con su bebé, interactúa menos con sus hijos, las interacciones placenteras se interrumpen más fácilmente, su lenguaje es más simple y los niños necesitan recurrir a métodos más intensos o directos para lograr respuestas de su madre (Puckering, 1989).

Estamos viendo cómo diferentes investigaciones respaldan los efectos negativos sobre el desarrollo en bebés con madres depresivas. Los bebés tienden a imitar la tristeza, la escasa energía, el bajo compromiso, la ira y la irritabilidad de sus madres. En los casos más severos, y prolongados el bebé comenzará a mostrar retrasos en el desarrollo (Field y cols, 1990).

De igual forma, la investigación muestra cómo el conflicto parental es un fuerte predictor del funcionamiento de los niños en diferentes aspectos, entre los que destacan: las habilidades socio-emocionales, el funcionamiento cognitivo y el éxito académico (Cummings, 2002). Y algunos estudios exponen que una adecuada salud mental del padre puede actuar como un factor protector para el niño (Gere et al., 2013). En este sentido, un padre activamente presente en la crianza y con una adecuada salud mental puede influir positivamente, reduciendo las consecuencias negativas de la depresión materna en el desarrollo del niño/a (Carro, et al., 1993 y Dietz, et al., 2009).

Carmina había estado expuesta a un desarrollo traumático, había compartido los estados emocionales, fundamentalmente de su madre, la cuidadora principal, ya que su padre no había participado en los cuidados y responsabilidades de la crianza de Carmina. Y en menor medida, también había estado expuesta a las conductas parentales. Según la madre, al padre podíamos considerarlo como un padre ausente, que no se había preocupado por su hija, que no reparaba en ella, excepto cuando le molestaba con sus llantos. En la medida que Carmina fue haciéndose más autónoma, hacia los 4 años, comenzó a jugar con ella, más bien le obligaba a jugar con él a peleas y a cartas. Nunca le permitía ganar. Aunque él intentara mostrarse jovial y amable, en algún momento se rompía la cordialidad y surgía la ira que arrasaba con todo. Siempre esperaba que la niña se mostrara cariñosa con él y así, Carmina había aprendido a mostrarle un cariño extraño. Le daba un beso y salía corriendo a protegerse en las piernas de alguien, o en algún rincón donde no fuera vista. Había estado expuesta tanto a estas conductas y los cambios de su padre, como a las dinámicas relacionales marcadas por la violencia doméstica. Todas estas vivencias formaban parte de sus memorias y experiencias desde antes de su nacimiento.

Las investigaciones llevadas a cabo en torno a las neuronas espejo, descubiertas en 1996, nos ayudan a entender los procesos que parecen estar bajo el aprendizaje social llevado a cabo por cualquier bebé, y en este caso por Carmina. Estas investigaciones nos informan de que el cerebro humano tiene múltiples sistemas de neuronas espejo, que se especializan en entender no solo las acciones de otros sino también sus intenciones, el significado social de sus comportamientos y de sus emociones. Nuestra supervivencia depende de entender las acciones, intenciones y emociones de los otros (Rizzolatti, 1998). Entendemos una acción porque tenemos circuitos en nuestro cerebro, de los cuales aún no conocemos bien sus funcionamientos, que realizan una copia para esa acción, basado en nuestros propios movimientos (Lacoboni, 2009).

Las neuronas del individuo observador imitan a modo de reflejo la acción del otro: así pues, el observador está él mismo realizando la acción del observado, de ahí su nombre de neuronas espejo. Los niños humanos están cableados para la imitación, sus neuronas espejo están involucradas en observar lo que otros hacen y practicarlo haciendo las mismas cosas (Meltzoff, 1994,1997).

Realmente, la intervención psicoterapéutica que requería Carmina iba a ser larga. Los niños y adultos expuestos a traumas interpersonales crónicos presentan trastornos psicológicos que no se ven recogidos en los criterios diagnósticos del trastorno de estrés postraumático (TEPT). Se ajustan mejor al constructo DESNOS que intenta reflejar la naturaleza multidimensional del fracaso adaptativo frente al trauma, donde nos encontramos con: alteraciones en la regulación del afecto, alteración de la atención o la conciencia, alteraciones de la auto percepción, alteración en la relación con los demás, alteración en las creencias, somatización, alteración en los sistemas de significado (Van der Kolk, et al., 2005).

Cuando tenemos un inicio y un desarrollo marcado por el trauma, la intervención va a requerir mucho tiempo. Ayudar a reparar el daño hecho en solo unos pocos meses de negligencia, puede tomar muchos años de arduo trabajo (Perry, 1999).

En esta intervención, por supuesto es imprescindible que la madre pueda recuperarse de la alienación e indefensión en la que se encontraba.

El trauma del desarrollo implica carencias antiguas y generalizadas en el desarrollo de la integración. Será preciso un largo período de estabilización y construcción de habilidades antes del trabajo con los recuerdos traumáticos (Steele, 2015).

El tratamiento se orienta siguiendo las fases de Janet (Janet, 1919), donde la clave es la estabilización, para ambas, madre e hija.

Así pues, la intervención psicoterapéutica irá dirigida tanto a la madre como a la niña.

Resumimos brevemente los objetivos de cada una de las 3 fases del plan terapéutico:

En la fase 1 se busca: seguridad, estabilización, reducción de síntomas, desarrollo de habilidades, regulación y auto-eficacia.

En la fase 2 se prima: resolución de los recuerdos traumáticos y de los vínculos relacionales traumáticos.

Y en la fase 3 se trabaja: duelo, reconexión, integración del yo y rehabilitación.

El tratamiento busca superar las fobias de la vida corriente, desarrollar la capacidad de asumir riesgos sanos y de establecer relaciones saludables. Estas fases no transcurren de forma lineal sino más bien a modo de espiral, donde el objetivo principal es no perder la perspectiva de que hay luz al final del túnel.

El primer objetivo para ambas era poder regular la inestabilidad, la fluctuación entre estados de hiperactivación excitatorios y estados hipoactivados con aletargamiento y entumecimiento, tanto físico como emocional y cognitivo. Decidimos emplear psicoterapia con *neurofeedback* en esta primera fase de estabilización.

Cuando se activa el sistema del miedo, debido a un peligro o amenaza vital, podemos encontrarnos conductas que activan diferentes sistemas.

- Huida – Sistema simpático.
- Lucha – Sistema simpático.
- Parálisis –Combina el simpático y el parasimpático.
- Colapso, decaer y desmayarse – Sistema parasimpático vagal dorsal.

Es decir hiper e hipoactivación simultánea o que transita de un estado a otro. Esto es indicador de una mayor desregulación del sistema.

El *neurofeedback* es una modalidad terapéutica que permite regular la actividad electrofisiológica del cerebro. Según definición de la ISNR (*International Society fo Neurofeedback and Research)*, el *neurofeedback* es una forma de psicofisiología aplicada que busca regular la actividad cerebral de forma directa. Como otras formas de *biofeedback*, el *neurofeedback* utiliza dispositivos de monitorización para proporcionar información momento a momento a un individuo sobre el estado de su funcionamiento fisiológico. La característica que distingue el *neurofeedback* de otros tipos de *biofeedback* es que este se orienta al sistema nervioso central. El entrenamiento en *neurofeedback* se fundamenta en la neurociencia básica y aplicada, así como en la evaluación clínica y psicométrica. Para ello es necesario tener en cuenta datos conductuales, cognitivos, subjetivos y de la actividad cerebral.

El *neurofeedback* o EEG *biofeedback* lleva utilizándose como herramienta terapéutica desde hace más de 30 años. Si bien existe evidencia sustancial de su eficacia en el tratamiento del trastorno por déficit de atención/hiperactividad, existe relativamente poca evidencia de su utilidad en otros trastornos como el trastorno de estrés postraumático (TEPT). Estudios pilotos recientes (Huang-Storm y cols, 2008; Gapen, van der Kolk y cols, 2016) avalan mejorías en TEPT, y en desarrollo traumático. El *neurofeedback* representa un cambio de paradigma que tiene el potencial para reducir la estigmatización de las personas crónicamente traumatizadas, que carecen de las habilidades necesarias para participar en otro tipo de psicoterapias ya existentes (Gapen, van der Kolk y cols, 2016).

Desde el inicio de la terapia, Carmina ha venido realizando dos sesiones a la semana. Cada una de estas sesiones comienza con una sesión de *neurofeedback* de 30 minutos. Después del entrenamiento en *neurofeedback*, hemos ido trabajando diferentes psicodinámicas, tales como: relajaciones guiadas con imaginación, *biofeedback* de respiración abdominal, amigo de la respiración, tanto control del movimiento como activación del movimiento, es decir regulación ascendente y descendente, etc., dirigidas a fomentar y fortalecer la regulación que estábamos entrenando con *neurofeedback*.

Uno de los primeros objetivos ha sido ayudarle a que tome conciencia y pueda identificar esos estados tan marcados y opuestos en los que suele sumergirse, sin rechazarlos. Para ello recurrimos a la metáfora de los tres cerebros (Siegel, Payne, 2012); la del cerebro cocodrilo, la del cerebro cachorro de mamífero y la del cerebro pensante del mono. Le explicamos, tanto a ella como a su madre, cómo todos tenemos esos tres cerebros que se ponen en marcha según lo que estemos viviendo, y según las necesidades que tengamos en ese momento. Si nos sentimos en peligro, se activa el cerebro cocodrilo. Este cerebro está preparado para atacar o huir.

Un cocodrilo grande normalmente ataca, y puede atacar ferozmente con su cola y sus dientes. Nadie se acerca a un cocodrilo gigante cuando este está tan furioso. Los cocodrilos pequeños pueden atacar si la amenaza no es muy grande, pero si les ataca otro cocodrilo muy grande se escapan, y si no pueden escaparse se congelan e intentan hacerse los invisibles o colapsan como si estuvieran muertos. El cerebro cachorro de león es aquel que se manifiesta cuando tenemos ganas de jugar, de mimos y de abrazos. Y el cerebro pensante del mono es aquel que se pone en funcionamiento cuando estamos ideando juegos, cuando estamos aprendiendo a leer, a escribir, los días de la semana o cuando hacemos recetas sabrosas de cocina. La psicóloga y la madre ponen ejemplos de situaciones en las que ellas han experimentado los diferentes estados de los tres cerebros. Al cabo de algunas intervenciones, la niña es capaz de describir ejemplos propios. Nos expresa, "que su papá casi siempre está con su cocodrilo y no sabe calmar al cocodrilo". Que, "cuando ve al cocodrilo de su papá quiere desaparecer, y entonces no tiene fuerza, las piernas no saben andar, y no sabe pensar, ni hablar". Y otras veces, "no sabe, porque solo sabe que se enfada si no le dejan ver la televisión, o si no tiene su comida favorita". "Entonces está su cocodrilo, tan grande como el de su papá, y entonces se alegra de ver a su mamá asustada". Cuando expresa esto, evita mirar a su madre. "Y luego, más tarde, ve que su mamá está triste y no quiere verla triste", y le dice: "no pasa nada y sonríe, para que su madre vea que no pasa nada". "Y a veces, también le encanta cocinar y hacer tartas de chocolate, y ahí está su cerebro mono. Entonces está contenta, y sabe hacer muchas recetas" y que, "su cerebro cachorro es el de un gatito, que le gusta tumbarse en el sofá con la cabeza en las piernas de mamá. Cuando más a gusto está su cerebro gatito es en casa de la abuela".

Va identificando las emociones y sensaciones que corresponden a cada estado, las localiza mayoritariamente en la cabeza.

Les proporcionamos a ambas información para que entiendan que es normal todo lo que sienten, sus miedos al cocodrilo de papá, por ejemplo. Y que es normal cuando sentimos mucho miedo que se apague el movimiento, que se apague el lenguaje y que luego se apague el pensamiento. De esta forma nos protegemos.

Pero si el cocodrilito congelado lo usamos mucho, nos podemos quedar apagados en otras situaciones que necesitamos estar encendidos. Entonces es muy importante darse cuenta de que no tenemos delante un peligro tan grande, que no estamos ante un cocodrilo gigante.

Igualmente desarrollamos juegos entre ellas para que se pueda manifestar, de forma más jovial y segura, el cerebro gatito en presencia de la madre. Ayudamos a la madre para que pueda emitir mayor cantidad de intercambios afectivos y que estos sean de mejor calidad.

Vamos desarrollando recursos para calmar al cocodrilo de Carmina y para regularla ascendentemente cuando se hipoactiva, en compañía de su madre.

La madre ha aprendido a ver las respuestas conductuales de la niña y las suyas propias, en el presente, como resultado de sus historias personales. Está descubriendo, como buena detective, cuáles son los disparadores que llevan a Carmina a sus estados violentos, e intenta manejarlos, mentalizando esos estados, antes de que lleguen al punto máximo.

A lo largo de estos meses la ansiedad ha ido remitiendo. Carmina controla el pis durante el día, y solo se orina en la cama de manera esporádica. La encopresis está controlada. Concilia bien el sueño y la calidad del sueño en general ha mejorado, han desaparecido los terrores nocturnos y prácticamente no presenta pesadillas.

La evolución de la madre ha sido decisiva. La intervención realizada con la madre también se ha apoyado en esta primera fase de estabilización en entrenamiento con Neurofeedback y psicoterapia con EMDR.

En la madre se ha ido consiguiendo una buena regulación afectiva, que le ha ayuda a mantenerse en el presente, y esto le permite estar más conectada con las necesidades de la niña.

Le hemos dedicado una atención especial a no enmascarar sus emociones y encubrirlas, a nombrarlas por sus nombres y poderlas localizar corporalmente. Le invitamos a que esta actividad forme parte de su repertorio de conductas con Carmina, ya que a la niña le cuesta realizar esa identificación y localización de las emociones.

Ha dejado de sonreír de forma autómata y forzada, y está comenzando a sonreír genuinamente. En las interacciones con su hija, esa conexión integral entre su estado corporal y sus expresiones faciales y vocales son más acordes a sus estados anímicos y activan respuestas diferentes en su hija, al enmascaramiento habitual; facilitando y permitiendo que Carmina pueda comenzar a expresar sus emociones sin encubrirlas.

Estamos fortaleciendo su rol de madre, e instalando recursos asociados a su capacidad de cuidar y proteger adecuadamente a Carmina. Comienza a percibirse como buena madre, capaz de cuidar satisfactoriamente de su hija.

Ya puede decir no a Carmina y va introduciendo límites y rutinas adecuados a la edad y desarrollo de su hija. Ahora está en situación de afrontar el miedo que experimentaba ante las explosiones de su hija. Comienzan a tener roles diferenciados donde se sabe quién es la hija y quién es la madre.

El día en que introdujimos por primera vez la dinámica de los tres cerebros y dedicamos una atención especial al cerebro cocodrilo, la madre estaba realmente asustada. Tenía miedo a la posible respuesta de Carmina, después de la sesión. Cuál fue su sorpresa cuando Carmina le dijo, "voy aprender a manejar a mi cocodrilo grande y pequeño". Entonces su madre se dio cuenta de que ella tenía a su vez que aprender a manejar a su cocodrilo pequeño, que veía ataques grandes donde no los había.

La estabilización y el desarrollo de recursos seguirán presentes en el resto de la intervención.

Poco a poco esperamos poder entrar en la siguiente fase, fase 2 de Janet, o fase 3 de EMDR, y poder comenzar a tratar y procesar recuerdos de situaciones concretas de trauma. Dada la intensidad del trauma, comenzaremos por el protocolo invertido, empezando por situaciones del futuro o del presente antes de acercarnos al pasado, en especial al pasado preverbal de Carmina. Para ello necesitamos que la madre haya alcanzado cierto nivel de procesamiento, de forma que ello le permita manejar la perturbación que conlleva la evocación de ese pasado tan doloroso con su hija.

Mírame, siénteme cristina cortés viniegra

> La madre comienza a darse cuenta de que sus padres no estuvieron disponibles, ni física ni emocionalmente, durante su infancia. El estrés laboral en el que transcurrían sus vidas no les dejaba mucho tiempo para ella. Esta realidad, junto a la ignorancia respecto a cómo se desarrolla la percepción de valía y seguridad durante la infancia les llevó a dedicar su energía al negocio familiar. Le hubiera gustado que su herencia fuera seguridad y autoconfianza, en lugar del patrimonio que hayan podido acumular. Quizás así no hubiera tenido una demanda tan grande de querer ser vista, y no hubiera caído en ese romanticismo barato que le llevo a los brazos de un maltratador. Este darse cuenta es doloroso y sanador, le permite conectar con su rabia y su enfado, con la rabia y el enfado que siente hacia sus padres, que también ha mantenido ocultos. Se da cuenta de que aprendió muy pronto a ocultar sus emociones ya que no quería preocupar a mamá, que siempre estaba cansada.
>
> Y ahora sus padres son su mayor apoyo, están ahí para ella, para su hija, para ambas, sufriendo y luchando con ella.
>
> La madre comienza a sentirse con fuerza, y esa fuerza le lleva a dar los primeros pasos y hablar con bienestar social. En el equipo somos conscientes de que es necesario proteger más a Carmina, y a su vez, la mamá está ahora en situación de asumir esta necesidad.
>
> Familia, terapeutas y justicia son las tres piezas fundamentales de este sistema de intervenciones (Baita, 2011).

Ejercicio

- En esta ocasión no os voy a pedir que conectéis con recuerdos o emociones que puedan evocar apego desorganizado. ¿Por qué no? Porque si tenemos un modelo de apego desorganizado/desorientado esos recuerdos nos pueden desbordar, sacándonos fuera de nuestra ventana de tolerancia.
- Si es ese el caso, os recomiendo que busquéis ayuda psicológica para que podáis reconstruir unas relaciones de apego sanas y podáis ser

unos buenos padres. Padres que propicien seguridad y que no transmitan un trauma transgeneracional a sus hijos, sino una historia integrada de su infancia, a la que sobrevivieron.
- Sí me gustaría que reflexionarais acerca de la siguiente cita:
- Según Putnam (1997): *"El fracaso en apreciar los aspectos únicos del trauma infantil es el resultado de un número de factores, pero el principal problema sigue siendo la **renuncia de la sociedad a reconocer la traumatización de los niños**. Esta ceguera, que por momentos toma la forma de una romantización alucinógena de la infancia, le niega legitimidad y los recursos a aquellos que buscan entender y tratar a los niños traumatizados".*

8
¿Cómo se desarrolla el niño abandonado?

Cuando sus padres le llaman cariño no sabe que cariño se refiere a él. Ni siquiera advierte concretamente qué es un sonido, distinto de un contacto o de una luz. Pero presta cuidadosa atención a cómo fluye aquel sonido sobre él. Siente que se desliza, suave y fácilmente, apaciguándole; o su fricción, turbulenta y excitante, le pone alerta.

Daniel Stern

8.1. Explorando el mundo social

Eneko estaba a punto de cumplir los 7 años. Había comenzado el primer curso de Primaria, la escolarización estaba siendo toda una aventura. Había abierto una nueva ventana en su mundo y Eneko se sumergía en él con pasión. Estaba descubriendo el mundo de los otros. Lo mejor de la escuela, como él decía, eran sus amigos. Le encantaba quedarse en el patio escolar, al terminar las clases y jugar con sus amigos y amigas. Esa tarde del viernes corrió especialmente excitado a los brazos de su madre, se le amontonaban las palabras. Finalmente se hizo entender; ahí estaban él y Lorea, junto a las piernas de Lidia. "*¡Porfa! ¡Porfa! ¿Puedo, puedo? ¿Puede, puede?*", preguntaban insistentemente, tanto Eneko como Lorea.

"*¿Me estáis preguntando, si Eneko puede quedarse en tu casa a dormir?*", preguntó Lidia, con una sonrisa franca y abierta, en su rostro.

"*¡Sí, eso!*, respondieron al unísono los dos niños.

"*Bueno*", añadió Lidia, "*primero tendremos que hablar con la mamá de Lorea*".

Lorea era la mejor amiga de Eneko, podían jugar al fútbol y diez minutos más tarde estar construyendo toda una aventura.

Como decía Eneko, "*es fantabulosa, puedo hablar de todo con ella. Me entiende muy bien, mamá, como tú. La miro y ya sabe lo que estoy pensando. Y cuando me mira Lorea, yo también sé qué es lo que ella quiere hacer. Cuando me mira de esta forma, significa que se ha cansado del fútbol, y que quiere jugar a otra cosa, entonces nos vamos los dos a jugar a algo más divertido. Solemos jugar a que el tobogán es un barco pirata que cruza el ancho mar, eso nos encanta, ser dos corsarios aventureros. Es la niña más divertida de clase*".

Los padres de Lorea esperaban a que Lidia y Mikel accedieran a la invitación. Sabían que Lorea, su hija, le iba a proponer a Eneko pasar el fin de semana juntos.

Cuando llegaron a casa, Mikel los estaba esperando, acababa de llegar. Eneko entró gritando: "*Papá, me voy a casa de Lorea, tengo que preparar la mochila a todo correr*". Mikel miró sorprendido a Lidia, y rápidamente entendió lo que estaba ocurriendo. De dos zancadas se acercó a Eneko, que corría a su habitación y le dijo: "*Estupendo, te ayudo a preparar la maleta y te llevo a casa de Lorea*". Entre los dos prepararon las cosas necesarias.

Ya listo, Eneko se acercó a Lidia, con la mochila en la espalda, como el explorador que emprende un viaje al Amazonas. Se echó a los brazos de Lidia. Se hubiera quedado infinitamente en ellos, pero con una gran resolución le dio un beso a su madre, se separó y le dijo: "*Adiós mamá, me lleva papá, nos vemos el domingo*". "*Disfruta mucho, mi amor*", respondió Lidia, mientras le daba un beso en la mejilla sonrosada.

Padre e hijo cruzaron la puerta, mientras Lidia veía cómo Eneko se alejaba. Se daba cuenta de lo importante que era esa primera salida para él, a un entorno diferente de sus allegados más próximos. Podía percibir con claridad cómo Eneko había manejado la despedida, la separación de su terreno seguro; y cómo, afianzado, emprendía la exploración de nuevas tierras relacionales, más amplias, que a partir de ahora iban a ir cobrando más importancia y nuevos significados para él. La silueta de Mikel y Eneko, cogidos de la mano se mantenía en su retina, y en esa misma retina, se iba dibujando la silueta de Eneko que caminaba con otros e incluso solo.

8.2. La búsqueda de la sensación de control en el apego desorganizado

A la edad de 12 meses ya se pueden identificar estrategias desorganizadas de apego o conductas contradictorias y no integradas hacia el cuidador. En situaciones de estrés se pueden observar conductas como: congelarse, acurrucarse, desconexión, expresiones contradictorias de acercamiento-alejamiento… en presencia del cuidador (Spangler, G., et al., 1999). Se considera que estas conductas contradictorias y no integradas indican la falta de habilidad del niño para organizar una estrategia coherente a fin de obtener la atención del cuidador y están ligadas en diferente grado y forma con una creciente liberación de hormonas del estrés (Hertsgaard, L., et al., 1995).

Mírame, siénteme cristina cortés viniegra

Según Lyons y colaboradores (1999, 2003), el apego desorganizado está relacionado con estados mentales no resueltos respecto a pérdidas o traumas y con conductas del cuidador como asustado-asustador. La severidad del trauma y la calidad de las relaciones de apego son determinantes en el desarrollo del apego desorganizado. Si la protección y el cuidado que recibe el bebé, el niño, son pobres, pueden desarrollarse modelos desorganizados aunque no se hayan experimentado experiencias traumáticas. En este sentido, parecen determinantes las conductas de retirada del cuidador ante el estrés o el malestar del niño.

En el modelo de diátesis de Lyons, estos autores plantean que si el cuidador no fue calmado, cuando él mismo fue niño, en situaciones de miedo y de estrés, posiblemente vuelva a actualizar esas vivencias, esas conductas a las que estuvo expuesto en su infancia, cuando en el momento presente, le toque tranquilizar a su hijo, a su propio bebé. Esto da lugar a una interacción perturbadora que lleva al niño a experimentar incongruencia y a emitir respuestas conflictivas y desorganizadas. En estos casos puede observarse simultáneamente desamparo y hostilidad.

El apego desorganizado implica la evitación de la cercanía y el rechazo al contacto, al mismo tiempo que se teme la amenaza del abandono, de la pérdida. Las emociones relacionadas con el apego, la afectividad, la cercanía son experimentadas como insoportables y altamente conflictivas. Y la posibilidad de la pérdida de la figura de apego resulta igualmente insoportable. Los estados disociados centrados en la evitación del apego experimentan fobia con respecto a aquellos estados que buscan el apego y viceversa. Se está en una continua dicotomía entre ser querido, atendido y miedo a ser querido. Esto genera un conflicto interno que imposibilita la integración del self y de la experiencia.

Conforme el niño va creciendo va adquiriendo una mayor capacidad cognitiva para representar y razonar sobre los estados emocionales del cuidador. Entre los tres y seis años, en muchos niños, las conductas iniciales caracterizadas por un componente corporal de apego desorganizado pueden ser reemplazadas o desarrollarse formas combinadas con estrategias controladoras de apego.

¿Cómo se desarrolla el niño abandonado?

Hemos señalado cómo los niños con apego inseguro desarrollaban estrategias defensivas o de control. Igualmente los niños con apego desorganizado van a intentar tener algún control sobre las figuras de apego y para ello, desarrollan estrategias controladoras que se manifiestan de distintas formas y maneras. Estas estrategias suelen implicar inversión de roles con respecto al cuidador, bien mediante conductas controladoras-punitivas, controladoras-cuidadoras y/o de autosuficiencia compulsiva. En muchas ocasiones, el niño puede expresarse alternando entre estas diferentes conductas de control, como vimos en el caso de Carmina.

Las conductas controladoras-punitivas son intentos por parte del niño de mantener la atención y el contacto del cuidador mediante conductas coactivas, oposicionistas, agresivas, críticas, amenazantes, humillantes o de rigidez ritualista cuando surgen conflictos relacionales afectivos. El origen de estas conductas tiene mecanismos de relación diversos, con origen en la activación del sistema de lucha-defensa-sumisión junto al sistema de apego. En algún momento el cuidador se transforma tanto en el origen del miedo como en la fuente de salvación (Diorio y cols, 1999).

Estas expresiones coactivas, agresivas y dominantes en el niño pueden desarrollar trastornos externalizantes de la infancia, como el trastorno oposicionista del desarrollo (Moos y cols. 2004). Tanto los sentimientos temerosos generados por un progenitor como los sentimientos temerosos generados por otras fuentes, dentro de la no disponibilidad emocional de las figuras de apego, pueden contribuir a la desorganización infantil (Lyons-Ruth et al., 1999; Lyons-Ruth et al., 1999b).

Las conductas controladoras-cuidadoras son los intentos por parte del niño por lograr la atención y el contacto de las figuras de apego consolando y protegiendo, entreteniendo, divirtiendo, organizando y cuidando al progenitor vulnerable o víctima de traumas o pérdidas pendientes de resolver. En este caso estamos ante una inversión de los roles del apego: el sistema de cuidado se activa en el niño, en lugar del sistema de apego (buscar consuelo en el cuidador). Es decir, el niño cuida y consuela al cuidador. Mientras al cuidador, se le activa el sistema de apego que busca consuelo y compensación en el niño, en lugar de activársele el sistema de cuidado y contención hacia el niño, que sería lo esperable en el cuidador. Esto conlleva a que el niño crezca bajo una presión y una responsabilidad que le desbordan, ya que sus sistemas, ni biológicos, ni neurofuncionales, ni psicológicos, están maduros para ello. Estos niños suelen mostrarse sumisos, obedientes y responsables y frecuentemente obtienen buenos resultados académicos. Por lo cual, estas conductas de cuidado y responsabilidad terminan siendo muy valoradas en entornos cercanos tales como amigos, colegio, familia, etc. Estos sistemas las refuerzan y las perpetúan. El origen de estas conductas lo encontramos en el sistema de cuidado que se activa por encima del sistema de apego en la relación con el cuidador, ya que de esta forma se obtiene la atención y el afecto del cuidador. Las estrategias controladoras-cuidadoras podrían estar en el origen de los trastornos internalizantes del niño con sintomatología diversa como ansiedad, depresión, hiper responsabilidad, inhibición y somatización (Moss et al., 2004).

Las conductas parentales que parecen estar asociadas con la desorganización infantil son variadas e incluyen: retiradas parentales, respuestas negativas invasivas, respuestas con confusión de roles, respuestas desorientadas y respuestas atemorizantes o atemorizadas. Todo ello junto a errores en la comunicación afectiva tales como respuestas contradictorias a las señales infantiles y el fracaso en responder ante las señales de afecto del lactante o niño (Hennighausen et al., 2007).

Los resultados de un estudio elaborado sobre niños rumanos adoptados de 4 a 6 años en Gran Bretaña, indican que cuando los niños habían sido adoptados antes de los 6 meses la recuperación de las dificultades era casi total a los 4 años, lo que no ocurría cuando habían dejado las instituciones con más edad y particularmente con más de dos años. El estudio concluye que la deprivación prolongada de atención y cuidado ocasiona en el niño trastornos de apego, dificultades en la relación con los compañeros, hiperactividad y dificultades cognitivas.

Estudios comparativos llevados a cabo por Winnicott (1958) y Roy (2000) en los cuales compararon niños que vivían en aldeas infantiles tuteladas con niños que vivían en familias de acogida, encontraron que los niveles de hiperactividad eran mucho más elevados en los niños residentes en las aldeas tuteladas (Citado por Fonagy, 2001).

En investigaciones llevadas a cabo por Marvin y Britner (1999) en niños rumanos adoptados en Gran Bretaña encontraron que el porcentaje de niños con apego seguro era menor que el esperado estadísticamente. La conclusión fue que la continuidad en la deprivación afectiva emocional incide en los modelos de funcionamiento internos (Citado por Fonagy, 2001).

El apego desorganizado en la infancia prevé niveles elevados de síntomas disociativos y de psicopatologías en general en etapas posteriores y en la adolescencia tardía (Hennighausen et al., 2007).

8.3. Modelos de trabajo interno

Ya hemos abordado anteriormente los modelos de trabajo interno, y los hemos descrito fundamentalmente como modelos de expectativas y creencias respecto a uno mismo, respecto a los otros y respecto de las relaciones que establece. Es decir, es como si se fueran configurando las lentes de colores con las que vemos el mundo y a los demás, lo que podemos esperar de ellos y la forma que tenemos de percibirnos a nosotros mismos (elaborado a partir de Rozenel, 2006).

Bajo unas circunstancias adecuadas y propicias, en torno al primer año de vida, el niño irá desarrollando de manera organizada y funcional los modelos de trabajo interno respecto a la figura de apego principal. Bowlby (1988) propone que el niño irá construyendo los MTI (Modelos de Trabajo Interno) de sus figuras de apego a partir de la comunicación e interacción con estos, en su día a día, dentro de su contexto social. Estos modelos no solo se desarrollan durante los primeros años de vida, sino a lo largo de todo el proceso madurativo. A lo largo de esta evolución se seguirán construyendo y reconstruyendo, para terminar constituyendo estructuras cognitivas influyentes y emergentes que determinarán y condicionarán la visión y la percepción del sujeto, tanto consciente como inconscientemente.

Mírame, siénteme cristina cortés viniegra

Sterm a la hora de entender las representaciones mentales establece un modelo de "estar con", en la línea de Winnicott, cuando nos dice que no existe un bebé sin su madre, como ya hemos mencionado en capítulos anteriores. Desde este modelo, las representaciones se forman a partir de lo que le sucede al bebé, al niño en su relación con su madre, entendiendo "madre" como el progenitor principal, el cuidador principal (Stern, 1995).

Desde este enfoque de Stern se considera que conforme el niño va creciendo, el "otro" es el medio para el desarrollo del sujeto, de la identidad de ese bebé, luego niño. En esta elaboración de las representaciones de "estar con" el bebé colabora activamente en la construcción de la relación. Y en esa misma representación "de estar con", igualmente, la madre, en su interrelación con el bebé realiza numerosos ajustes para mantenerse en el lugar del bebé y el suyo propio. Los dos, mutuamente, construyen, reconstruyen y modifican está interrelación física, afectiva, táctil, comunicativa. En este fluir de ajustes y desajustes encontramos una permanencia y al mismo tiempo surge la oportunidad de que se vaya conformando la identidad del niño, sin que ningún miembro de esta "constelación materna" pierda su singularidad (Stern, 1995).

A nivel neurobiológico, recientes investigaciones demuestran que la ausencia de un cuidador disponible y receptivo da lugar a importantes elevaciones en los niveles de cortisol ante los estresores en la infancia, más elevados que los observados en niños más mayores y en adultos (Gunnar y Donzella, 2002).

Diferentes estudios como el de Coplan y col., 1996, ponen de manifiesto la importancia de la nutrición afectiva temprana por parte del cuidador para regular la expresión de una gran variedad de genes implicados en la función neurotransmisora y glucocorticoide, y para establecer aspectos duraderos del sistema de respuesta al estrés que persisten en la vida adulta y pasan a las siguientes generaciones (Lyons-Ruth, y cols. 2006).

Además de estas influencias a nivel neuronal y estructural debido a las experiencias tempranas, nos encontramos con al menos tres aspectos más que explican por qué las relaciones tempranas de apego influyen en el desarrollo posterior (Weinfield, et al., 1999). Las relaciones tempranas suponen también un aprendizaje en la regulación de afectos. Se trata de un aprendizaje de la regulación y sincronía conductual, determinantes en las construcciones representacionales de los MTI.

Las relaciones de apego influyen notablemente en la configuración del cerebro y en las creencias y expectativas de uno mismo y de los demás.

Sin querer me he encontrado con el siguiente monólogo. Creo que es un buen reflejo de las representaciones internas mediadas por nuestros cuidadores. Wanda es un mujer negra que fue adoptada por una familia blanca. A lo largo del monólogo nos explica cómo descubre que es negra, cuando ella se percibe como blanca y cree que es blanca.

Monólogo de Wanda Sykes: I'ma Be Me (2009)

> "No es que no hablaran de raza conmigo, era más del tipo "no le hará daño si no lo mencionamos". ¿Cómo podía ser que mis padres no supieran que en realidad era negra?
>
> Recuerdo que cuando tenía unos seis años, regresé del cole muy disgustada. Me había peleado con otro niño que resultó tener el mismo color que yo. Me llamó "negra". Aún, con seis años, no había oído a mi familia decir directamente que yo tuviera ningún color. Pero el chico me dijo que era negra y esto me enfadó muchísimo. Llegué a casa y estaba sollozando intensamente. Estaba enfadada. Estaba tan molesta porque me llamaran negra. ¿Por qué a mi hermana no la llamaban también negra? ¡No lo entendía!
>
> Mi madre me subió a sus rodillas y me dijo "Odio soltártelo ahora, pero eres negra". Fue tan devastador… ¿Yo? ¿Negra? Yo pensaba que era como todos los demás. Cuando me dijo que era negra lloré aún más. Ya con 21 años salí del armario como negra y fue raro. La negritud no es una actividad, o una acción, o una mentalidad. Negra es como Dios me hizo y ¡así soy yo!".

Resulta curioso que haya necesitado tanto tiempo y permitir que calaran muchas otras experiencias para cambiar esta primera representación de sí misma.

Después de este pequeño inciso, continuamos con nuestro tema. Resumiendo, sabemos que los niños con figuras de apego seguro desarrollan modelos de trabajo positivos de sí mismos y representaciones mentales de los demás también positivas. Se perciben como válidos, y merecedores de ayuda y respeto (Jacobsen, & Hoffmann, 1997). Esto ha sido propiciado en la interacción con sus cuidadores que han sido consistentes en la atención con capacidad de mentalizar sus estados.

Los niños con modelos de apego inseguro evitativo desarrollan modelos de trabajo interno representacionales que les lleva a considerarse como indignos e inaceptables, como consecuencia de un cuidador primario que se muestra despectivo y manifiesta rechazo (Larose, & Bernier, 2001).

Los niños con modelos de apego inseguro ambivalente desarrollan modelos de trabajo interno donde interiorizan una imagen negativa de sí mismos y exageran sus respuestas emocionales para obtener atención debido a la inconsistencia en las respuestas de los cuidadores (Kobak et al., 1993).

Los bebés también pueden internalizar modelos internos de trabajo no integrados de las relaciones con sus cuidadores primarios, y de sí mismos en relación con los cuidadores (Bowlby, 1973). Estos niños desarrollan apego desorganizado.

8.4. Además de la relación, los modelos de trabajo interno mantienen asímismo el modelo relacional

En los primeros años de vida los MTI son modificables. Si la calidad del cuidado cambia, las respuestas de los niños también cambian. Los estados mentales en la infancia son indicadores de un proceso, no de una estructura rígida. Circunstancias como la pérdida de un cuidador, el nacimiento de un hermano, un accidente o una enfermedad grave pueden cambiar la relación intrafamiliar y los MTI.

¿Cómo se desarrolla el niño abandonado?

Por el contrario, si se recibe un patrón consistente de atención, de cuidado durante la infancia y adolescencia, estos modelos se irán solidificando mediante la repetición de las experiencias. Cada vez serán más característicos del niño y menos dependientes de la relación. Finalmente terminarán volviéndose automáticos e inconscientes y difíciles de modificar. Esas lentes van formando parte de uno y resulta difícil podérselas retirar, van formando parte de nuestro modo de ser. Esas representaciones se van volviendo más y más automáticas y frecuentes y van configurando nuestra personalidad y nos van restando flexibilidad.

Estos MTI son tan tempranos y preverbales que resulta costoso acceder a los recuerdos que los generaron de forma explícita. Tengamos en cuenta que sus orígenes se remontan a patrones motores del cuerpo. Esto dificulta reconocerlos, darse cuenta de ellos y por lo tanto modificarlos mediante las experiencias posteriores (Sroufe y cols., 1999).

Otra característica de estos modelos tan tempranos es que se activan con facilidad en situaciones de estrés. Para que una conducta sea activada bajo situaciones de estrés, esta debe haber sido ampliamente aprendida y practicada con anterioridad (Devine, 1989). Aun así no se las considera estructuras estáticas. Tanto Bowlby, (1988) como Ainsworth, (1978) confiaban en que se pudieran desactivar.

Los medios y la forma de comunicación entre un bebé o un niño y su madre van cambiando a lo largo del desarrollo. Esas primeras interacciones comunicativas y las huellas que dejan en el niño inicialmente son corporales, implican movimiento y organización del cuerpo y del movimiento del bebé. Freud consideraba que el "yo" inicialmente es, antes que nada, un yo corporal y que, en última instancia, se constituye a partir de sensaciones que están localizadas en el cuerpo. "Lo fundamental para la construcción del self son el cuerpo y sus afectos" (citado en Aron, 1998).

Las estructuras representacionales irán evolucionando y cambiando en su registro de acuerdo a la madurez del niño y las relaciones establecidas. Las primeras experiencias de apego se registran en forma de representaciones de actos, correspondientes a la organización de los movimientos corporales del bebé con relación a su figura de apego, y que empiezan ya a revelar el tipo de apego que desarrollará el bebé en el futuro. Estos movimientos son las respuestas emitidas ante el contacto táctil, afectivo y emocional del cuidador al responder a las demandas del lactante. Ya en 1907, Jung consideró que el "yo" es la expresión psicológica de la combinación estrechamente asociada de todas las sensaciones del cuerpo.

Posteriormente, los modelos de trabajo interno se expresarán mediante imágenes y el lenguaje (Rozenel, 2006). En la primera infancia las imágenes tendrán más peso y conforme el niño y el adolescente vayan madurando será el lenguaje el que vaya cobrando protagonismo. No es de extrañar que una de las pruebas más estandarizadas de evaluación del apego en adultos sea la *entrevista de apego adulto* (EAA), donde se enfatiza la evaluación de la organización y los lapsus del lenguaje, ya que estos nos muestran la integración y la síntesis de las representaciones, y las dificultades para acceder a dichas representaciones (Diamond y Blatt, 1994). Podemos observar cómo las estructuras representacionales siguen una secuencia de desarrollo de lo corporal a imágenes y de imágenes a lenguaje, a medida que se va produciendo el cambio de patrones motores habituales pre-operacionales a patrones simbólicos, y a representaciones cohesivas de uno mismo, del otro y de la interacción (Rozenel, 2006).

Cuando no hemos tenido la fortuna de establecer una relación de apego cálida y consistente en nuestro desarrollo, las conductas, sentimientos y expectativas ante las relaciones futuras no son tan solo el resultado directo del aprendizaje del apego infantil sino que dependen fundamentalmente de la persistencia disfuncional de los MTI, fruto del tipo de interrelación con las figuras de apego. Estos modelos de trabajo inducen sesgos y distorsiones sobre la realidad y las relaciones actuales, manteniéndonos dentro de los clichés relacionales del pasado y condenándonos a vivir el pasado en el presente.

CASO Número VI
Iván, "No quiero quererte... no me dejes, no me abandones"

Iván acudió a consulta junto a sus padres adoptivos cuando tenía poco más de 5 años. Casi la mitad de su vida la había pasado en un orfanato. Parece ser que su madre, muy joven, estaba enferma y fue declarado en desamparo por los sistemas sociales de su país de origen a los seis meses de nacer. Desde su incorporación a la familia adoptiva, todas las noches, Iván vivía intensos terrores nocturnos y una angustia terrible, que iban en aumento cada vez que su madre viajaba o salía de casa. Además, junto a la angustia y terrores nocturnos, mostraba conductas de enfado y rechazo *in crescendo* hacia su madre y su abuela. Tampoco permitía que su padre se acercara a él, ni que ejerciera ninguna conducta de cuidado.

Los padres estaban desalentados y no sabían qué nuevas estrategias podían utilizar en la relación con su hijo. Las dificultades con las que se estaban encontrando para vincularse con su hijo adoptivo eran mucho más difíciles de lo que hubieran podido imaginarse. Durante el primer año, Iván, a excepción de la agitación que mostraba durante los terrores nocturnos, permaneció la mayor parte del tiempo en un estado de semi aletargamiento. Aunque había ido recuperando peso y tono físico, y ya mostraba igualmente mejoras motoras, así como una mayor coordinación y un mejor equilibrio, la relación con sus padres no prosperaba como estos esperaban.

Apenas respondía al afecto. No rechazaba el contacto físico ni las caricias y sin embargo tampoco parecía disfrutar de ellas. Inicialmente pensaron que las dificultades se debían a la falta de lenguaje, pero conforme fue aprendiendo castellano y se comunicaba mejor con sus padres la mejoría esperada no llegaba. Habían transcurrido dos años y medio desde su adopción y los padres sentían que tenían un niño en el que el afecto no hacía eco. Ya no sabían que más podían hacer para lograr llegar a él.

Intentamos elaborar una hipótesis sobre cómo podrían haber sido las primeras experiencias de Iván y trasmitírselo a los padres para que pudieran comprender las conductas de su hijo. Estas hundían sus raíces en sus primeros días, meses de vida.

Mírame, siénteme cristina cortés viniegra

A lo largo de la exposición del caso vamos a trazar una visión del desarrollo que subraya la importancia de la "afectividad" en la creación del vínculo y en el desarrollo del self, de la individualidad emergente del bebé (elaborado a partir de Sassenfeld, 2011). La forma como es transmitida esa afectividad configura el funcionamiento del sistema de compromiso social (Porges, 2011).

Iván parecía un niño ingrávido, sus ojos flotaban sin posarse en ningún sitio, su cuerpo se parecía a las cuerdas de un arpa en constante tensión.

Intentamos entre todos los miembros del equipo que se estaba constituyendo alrededor de la intervención con Iván (padres, psicólogas) hacernos una idea de cómo ese niño, abandonado a los seis meses y mal atendido hasta entonces, habría ido configurando un modelo de trabajo interno que abarcaba representaciones de sí mismo, de los demás, así como de lo que podía esperar de los adultos y las personas que supuestamente iban a estar siempre con él.

Van der Hart et al., (2006), inspirándose en Allport, 1981 y Janet, 1907, definen la personalidad como la organización dinámica dentro del individuo de aquellos sistemas biopsicosociales que determinan sus acciones mentales y conductuales características. Es decir, el concepto de personalidad sana incluye la idea de integración, y en esa integración los elementos neurobiológicos, psicológicos y sociales están relacionados de modo coherente, flexible y adaptativo.

El bebé, el niño, no nace con un "self", un "yo", definido que cuenta con límites psicológicos y afectivos claros. Sin embargo, su entorno humano lo trata desde un comienzo como si fuese un individuo. Es como si existiera un "self virtual" basado en el hecho de que los cuidadores, en una situación óptima, se relacionan con el bebé como totalidad e individualidad (Kohut, 1977), al percibir y comprender sus necesidades particulares. En un entorno más o menos idóneo, la atención y el cuidado empático que recibe el bebé de las figuras de apego funcionan como un espejo, en el cual el niño, gradualmente, puede llegar a reconocerse y experimentarse como una entidad total (Jacoby, 1985).

¿Cómo se desarrolla el niño abandonado?

¿Cuántas de estas experiencias habría vivido Iván hasta ser adoptado? Podíamos sospechar que pocas, teniendo en cuenta que la capacidad de apego, de apegarse, se manifiesta primero en un nivel implícito donde se comparten sensaciones corporales y emociones, y después en un nivel explícito donde se comparten el lenguaje y el aprendizaje (Lyons-Ruth, 2003). ¿Dónde situábamos a Iván, dentro de este continuo relacional? Si no se había dado la primera etapa, ¿iba a poder manejarse en la siguiente? Estamos acostumbrados a entender el trauma como "algo" que ha ocurrido, (violencia, abuso, terremotos etc.) sin embargo en los traumas de apego tenemos que lidiar fundamentalmente con lo que "no se ha dado", y "tenía que haberse dado".

Una de las condiciones imprescindibles en el desarrollo del self es que los cuidadores tempranos reflejen, muestren al niño los estados emocionales y afectivos que el bebé, el niño vive de forma apropiada (Riera, 2002). De esta manera, estos estados serán reconocibles e identificables por el niño y podrá tener un conocimiento de su mundo interno.

En esta comunicación bidireccional entre el cuidador y el bebé/niño, nos podemos preguntar a qué tipo de estados corporales integrados con las expresiones faciales y vocales que interactúan en el sistema de compromiso social había estado expuesto Iván, en su relación con los diferentes cuidadores a los que había tenido acceso. ¿A qué mecanismos afectivos regulatorios había accedido a través de sus cuidadores a la hora de ser calmado?

Se consideran cuatro procesos vinculares, relacionales, básicos ligados a la experiencia afectiva que influyen en el desarrollo y la noción del self. (Stolorow y cols, 1987). Es fundamental la incorporación progresiva de las funciones de las emociones en el desarrollo psicológico.

1. Para que el niño pueda diferenciar sus emociones es indispensable que sus figuras de apego posean una percepción diferenciada y estructurada de sí mismos y respondan sintónicamente al niño reconociendo y diferenciando los distintos afectos y emociones que vive. Esta sintonización afectiva, en especial de la madre, con los diferentes estados afectivos que experimenta el niño, posibilita que el bebé, el niño, desarrolle paulatinamente la capacidad de percibirse e ir diferenciando los límites entre él y el otro.

2. Igualmente, para que el niño pueda aprender a tolerar e integrar sentimientos y emociones intensas y contradictorias es necesario que los cuidadores tengan ellos mismos esa capacidad afectiva integradora y reguladora y que sean capaces de transmitir tanto corporal como afectiva y verbalmente que ese abanico de estados y de afectos (intensos o no, contradictorios o no) forman parte de él, de su continuidad, de su individualidad.
3. La tolerancia y la regulación de los afectos es un aprendizaje y conquista paulatinos que requiere de experiencias de respuestas mentalizadoras, tanto en cantidad como en calidad, por parte de los cuidadores que comprenden, identifican y modulan los diferentes estados del niño, al mismo tiempo que lo hacen en ellos mismos. De esta forma, el niño aprende a identificar, modular y comprender sus propios estados emocionales y aprende a experimentar las distintas reacciones afectivas como señales que anuncian un cambio de estado, sin que esto suponga una amenaza en la relación, ni represente una amenaza de desintegración y desorganización del self, que aún está en vías de desarrollo.
4. La desomatización sería el proceso mediante el cual el niño va desde las formas tempranas afectivas de carácter somático hasta las experiencias afectivas que pueden ser expresadas, verbalizadas y comprendidas. Esto requiere de la capacidad de los cuidadores de sentir, identificar y expresar verbalmente sus propios afectos. De esta manera facilitan la integración gradual de los estados afectivos en esquemas cognitivo-afectivos que contribuyen a la organización y consolidación del self.

Podemos resumir diciendo que la capacidad para la expresión emocional es innata, pero que la capacidad para la experiencia afectiva es algo que se desarrolla en el transcurso evolutivo temprano (Maroda, 1999).

A lo largo del recorrido existencial de Iván es muy difícil suponer que hubiera cubierto todas estas necesidades y aprendizajes afectivos. No había tenido la oportunidad de vivir la experiencia de "estar con", y que esa experiencia hubiera ido llenando y colmando su ser, su yo. No había tenido la oportunidad de ser totalmente dependiente y mucho menos independiente.

Entre las primeras experiencias que tiene un bebé nos encontramos con la experiencia que el niño tiene del latido del pulso de su madre y de su voz. Estas constituyen las primeras impresiones sensoriales que van a ir estructurando el "self". Esas experiencias sensoriales y los sentimientos que despiertan contribuyen a establecer la cohesión del self al conectar cuerpo y mente, (sensación y emoción), mundo interno y externo y la unidad temporal, pasado y presente (Sjödin, 1998).

Es difícil hacernos una idea de lo que supone perder esas primeras experiencias, esas referencias. ¿Qué le ocurre a un bebé cuando esa voz, ese pulso desaparecen?

La desregulación crónica se debe con frecuencia a la activación persistente de defensas (parálisis, huida, lucha, decaimiento, desmayo) y evoca una necesidad constante de un otro "más fuerte y más sabio", que pueda proteger y calmar (el llanto de apego). La conexión sana con el otro reduce esas defensas (Steele, 2015).

Por lo tanto no es de extrañar que Iván intentara frenéticamente contactar con su madre como fuente de tranquilidad y protección, que temiera perder su apego, (fobia a la perdida de apego) y que al mismo tiempo experimentara el apego y la dependencia como peligrosos e intolerables (fobia al apego). Que alternara el "no te vayas", con el "no te quiero".

Por todo ello, era importante para el equipo, aprovechar, sin llegar a abrumar, las oportunidades en las que Iván se acercaba a su madre, activando el sistema de compromiso social, en busca de contacto. Esto nos ofrecía la posibilidad de que Iván fuera regulado por la expresión facial, la escucha, la entonación de su madre. La madre hacía de espejo en él, regulando a su vez en Iván su expresión facial, su escucha, su ingesta, su entonación etc. Todo ello se integra en la vía neural del nervio vago del sistema nervioso autónomo, que es el que calma el corazón y regula descendentemente las defensas (Porges, 2011). Lo cual constituye una oportunidad para ser calmado por el otro, y propiciar una buena conexión de apego entre Iván y su madre.

Hace más de veinte años que la afectividad es tenida en cuenta entre las experiencias básicas a las que el bebé tiene acceso inmediato desde

Mírame, siénteme cristina cortés viniegra

el comienzo de su vida. Esas experiencias son consideradas cruciales para dar forma concreta a la organización del naciente sentido del yo, del individuo en desarrollo. Más recientemente, se ha tenido en cuenta igualmente la importancia de las experiencias corporales, del cuerpo, como vía de expresión de esa afectividad. A los dos meses, el niño ya ha tenido innumerables experiencias constantes e invariantes de patrones corporales, expresiones faciales; los sucesos y los objetos los experimenta principalmente en términos de sentimientos (Stern, 1985). Cada momento tiene su propia secuencia de sentimientos en movimiento (Stern, 1999).

La teoría del apego de Bowlby muestra que el self infantil emergente, (la noción de yo, de individuo) va a ir surgiendo, tomando forma a partir del lazo emocional con la figura primaria de apego (Fonagy et al., 2002).

Los padres de Iván comenzaban a darse cuenta de la falta de identidad de su hijo y a intuir que en algunos aspectos era como un bebé de 6 meses o menos, atemorizado y perdido, sin referencias de su mundo conocido.

Trevarthen y Aitken (2001) destacan que las interacciones madre-hijo pueden ser consideradas como auténticas proto-conversaciones. Las investigaciones de Feldman y Greenbaum (1997) han establecido una relación entre las experiencias afectivas y motoras del niño y su desarrollo.

Es decir la capacidad de simbolización, el pensamiento y comunicación superior del niño son el resultado evolutivo de las primeras comunicaciones y juegos no verbales de interacción e imitación en el primer año de vida fundamentalmente.

Los padres de Iván se iban haciendo una idea del lenguaje tanto corporal como afectivo que tenían que utilizar con su hijo. No tenía mucho sentido dar largas explicaciones y razonamientos, donde todos terminaban perdidos y sin saber a dónde querían ir.

Comenzaban a plantearse que no podían pedir a Iván que se calmara cuando no quería hacer algo. O más bien, se daban cuenta de que no era tanto que no quisiera, sino que no entendía, ni comprendía, no ya las palabras en sí mismas, sino la intencionalidad de lo que se le estaba pidiendo.

El padre nos contaba cómo su hijo muchas veces parecía un extraterrestre en el juego con otros niños pues no lograba comprender la intencionalidad de los otros niños y su lenguaje no verbal. En todo este proceso, los padres iban descubriendo el mundo del apego, y cómo este afecta y condiciona el desarrollo del cerebro del niño.

Con Iván habíamos comenzado una intervención con *neurofeedback* con un ritmo de dos sesiones a la semana, con el objetivo de fomentar la regulación de ese sistema nervioso desregulado y atemorizado. ¿Por qué comenzamos con *nuerofeedback*? Porque nuestra experiencia clínica nos había constatado que la intervención con *neurofeedback* ayuda a regular los sistemas muy desregulados y facilita además intervenciones psicoterapéuticas posteriores, e incluso a veces realizadas simultáneamente con las sesiones de *neurofeedback*.

Después de cada entrenamiento con *neurofeedback*, realizábamos una intervención con EMDR muy corta. No queríamos abrumar a Iván.

Desde el modelo del procesamiento adaptativo de la información, en el que se basa EMDR (Shapiro, 2007); las dificultades relacionales del presente dependen de cómo han sido procesadas y almacenadas las primeras experiencias relacionales. El trauma relacional es visto, ya sean traumas relacionales con "t pequeña" (episodios repetidos, cotidianos, de inatención o contención inadecuada) o traumas con "T grande" (traumas relacionales de negligencia severa, violencia, abuso o abandono) como experiencias que han sido almacenadas tanto por la memoria implícita como explícita de forma no funcional en distintas redes neurales. Estas experiencias quedan grabadas en nuestro cerebro en forma de imágenes, sensaciones, emociones y cogniciones asociadas al hecho. Estos serían los elementos constitutivos de la experiencia original, grabada de forma disfuncional, y que pueden activarse en el presente ante disparadores que conectan con el evento pasado. Todo ello sin que tengamos consciencia de ello.

Encontramos, por lo tanto, un paralelismo evidente entre el modelo PAI y la teoría de apego desarrollada por Bowlby (Wesselmann y cols., 2012), la cual considera que las primeras experiencias de apego de un individuo preparan el camino para todas las relaciones posteriores, y a través de los MTI, determinan las expectativas y las respuestas del sujeto en torno a las relaciones interpersonales que vaya a establecer en el futuro.

Por lo tanto, en ambos abordajes PAI y teoría de apego, las sensaciones, sentimientos y creencias sin procesar relativos a la desconfianza relacional se disparan en las relaciones futuras.

Estudios recientes que examinan la efectividad del enfoque EMDR en trauma de apego han demostrado que con una estabilización y preparación adecuadas, en sujetos que carecen de habilidades para regular sus emociones y de recursos en la interacción social, EMDR puede ayudar a resolver heridas de apego y mejorar la estabilidad emocional y las relaciones presentes. (Moses, 2007; Potteret y cols, in press; Taylor, 2002; Wesselmann, in press; y Wesselmann y Shapiro, in press).

En un metaanálisis de ocho estudios de EMDR individual con niños, Field y Cottrell (2011) observaron un cambio general positivo con terapia EMDR, integrada con terapia de familia.

Volviendo a Iván, en las primeras intervenciones con EMDR no estábamos procesando su historia, tan solo queríamos ayudarle a que se pudiera orientar al presente, y que su mente y su cuerpo estuvieran aquí y no allá, en su lugar de origen. Que en el presente se pudiera activar el sistema de conexión social y buscara el contacto mientras era regulado por sus padres, en un entorno seguro.

La madre de Iván cogía a su hijo en brazos y le realizaba sets de EB cortos, muy cortos, mientras le transmitía rodeado de su afecto que estaba en sus brazos, en ella, que estaba a salvo. Ya no estaba "allí". Combinado con ejercicios que buscaban reforzar los sentimientos de intimidad, cercanía y seguridad junto la aplicación de estimulación bilateral para reforzar las sensaciones y emociones positivas del niño (Wesselmann, 2012).

A los dos meses de intervención comenzaron a disminuir los terrores nocturnos y a partir del tercer mes desaparecieron. Iván era capaz de dormir toda la noche, en la cama de sus padres, sin miedo. Sus padres también podían descansar.

Iván había sido capaz de encontrar un lugar donde se sentía seguro, el parque cercano a su casa. Instalamos ese lugar, como lugar seguro, de calma. Lo importante era que Iván pudiera conectar con esas sensaciones, mantenerse en ellas.

A lo largo de estos meses, los padres habían ido realizando un esqueleto del ciclo vital de Iván. Habían revisado el álbum de vida de este, y lo habían ido reconstruyendo con fotos de las etapas en las que había fotos y con dibujos de los dos primeros años, de los que apenas había huella fotográfica. Se pretendía definir una línea conductora coherente de su ciclo vital.

La primera imagen era una mujer preñada, donde se veía un bebé dentro de ella. Esta ilustración había sido buscada intencionadamente, porque Iván, a pesar de que sus padres le habían contado su historia de adopción, mantenía aun así una confusión notoria sobre su origen. Aunque le habían contado que estuvo en la barriguita de su madre, como todos los niños, él no lo tenía claro.

Entre las actividades que recomendamos a los padres fue buscar o crear material infantil donde pudieran ilustrar de forma concreta cómo los bebés llegan a la barriga de sus madres porque un hombre y una mujer han disfrutado de su amor. Así pues todos los niños tienen un papá y una mamá y el bebé crece en la barriga hasta que está preparado para salir. Entonces la mamá y el bebé trabajan conjuntamente para salir. Y cuando el bebé sale, lo más normal es que tome leche de los pechos de su mamá. Todo esto ayudado de imágenes y material visual, para hacerlo concreto. La mente de los niños es concreta.

En torno a los 4 meses los padres elaboraron un esbozo de la historia de Iván para abordar su historia mediante EMDR.

Mientras el papá iba representando la historia con unos ositos, Iván en brazos de su madre recibía estimulación bilateral, *tapping*, en las piernas.

Una vez terminada la narrativa, Iván nos dijo que quería nacer, se metió debajo de la camiseta de su madre e interpretó su nacimiento una y otra vez. A su vez, la madre representaba los comportamientos de una madre ante un nacimiento; lo cogía, lo acariciaba, lo acercaba a su pecho, le miraba a los ojos. Iván pudo por un microinstante mirarla también a ella, y se produjo el primer contacto ocular entre ellos, justo antes de echarse al suelo y comenzar a balbucear y gatear como un bebé. El bebé y los padres estuvieron jugando a atender a ese bebé y al finalizar lo trajimos de nuevo a sus 5 años. Los padres le transmitieron "ahora Iván tiene 5 años y puede andar y sabe hablar, y está muy bien que ese bebé que hay dentro de él pueda jugar a nacer". Al finalizar la sesión Iván, por primera vez, le dio la mano a su padre.

Este juego de nacer y crecer es un juego muy particular que deriva de una relación especial con sus padres y en este caso se corresponde con el hecho de que esta madre y este padre, además, son terapeutas de un niño con un inicio muy difícil y que tiene por delante un desarrollo comprometido. Ahora bien, este juego involucra un simbolismo; se asocia con todas las cosas que a la gente normal y corriente le gusta hacer y con la forma en la que el nacimiento aparece en los sueños. Tanto los juegos como los sueños son mecanismos e intentos de integración de las experiencias vividas. El juego, en la medida que introduce elementos nuevos y perspectivas distintas, ayuda a integrar lo vivido y no vivido (adaptado de Winnicott, 1964,1990).

Era necesario ayudar a los padres a encontrar un modelo dentro del paradigma del apego seguro para bebés y niños pequeños que permitiera el surgimiento paso a paso de los sentimientos de dependencia, sin abrumar al niño, ni a los padres (adaptado a partir de Steele, 2015, en la intervención con adultos). A partir de aquí introducimos a los padres la idea de padres terapéuticos, ya que son los padres los que van a tener que desplegar todos los recursos que requiere un terapeuta para ayudar a regular a los niños con apego dañado.

Al día siguiente, la madre nos telefoneó para decirnos que Iván quería tomar leche de su teta. Estaba un tanto desconcertada y no sabía cómo actuar.

La tranquilizamos al respecto diciéndole que esto era normal. Iván había visto muchas imágenes de mamás amamantando, relacionándose e interactuando en diferentes juegos, y una parte de él parecía tener esa demanda, esa necesidad. Comentamos con la madre las experiencias que había al respecto, como la de Karleen Gribble, una madre que ha amamantado a su hijo adoptivo y que promueve la lactancia adoptiva en

Australia. Esa lactancia demandada por Iván también formaba parte de ese juego simbólico de recrear lo natural y lo corriente.

En la lactancia adoptiva no se busca tanto activar la lactancia alimenticia como tal, aunque esta se pueda lograr. Los niños adoptados pueden beneficiarse de la salud que promueve la lactancia materna, ya que la prolactina puede ser liberada en respuesta a la estimulación del pezón y altos niveles de prolactina pueden generar la secreción de leche, sin que haya mediado una gestación. Sin embargo, el impacto más significativo es intentar promover la alimentación emocional, derivada también de la lactancia materna.

Ya hemos visto como entre los beneficios de la lactancia nos encontramos con la interacción placentera entre la madre y el hijo, el contacto piel a piel, la liberación de hormonas y otros factores que tienen una influencia claramente calmante y comunicativa entre ambos. Los niños adoptados, mediante la lactancia adoptiva, se involucran en una interacción íntima que puede ayudar a construir la confianza en el desarrollo de la relación de apego que está surgiendo con su madre adoptiva (elaborado a partir de Karleen Gribble, 2015). De ninguna manera hay que forzar a ningún niño adoptado a amamantarse si no tiene la demanda o no es capaz de expresarla. Ni tampoco debemos forzar a ninguna madre adoptiva a realizar tal conducta si no sale de ella.

La madre de Iván continuó informándose al respecto y cuando se sintió preparada y libre para ello comenzó a amamantar a su hijo, a lo largo de casi 6 meses. Iván accedía, bien porque lo buscaba espontáneamente o porque su madre le invitaba a ello y él accedía de buen gusto. Dos veces al día realizaba cortas tomas de afecto piel con piel. Llego un día que dijo, "ya está" y ya no necesitó más recurrir al seno materno.

Durante estos meses, el lugar seguro de Iván era la teta de mamá. Y en las sesiones reforzábamos la conexión con las sensaciones y emociones positivas que se asociaban a ese contacto tan especial. Y mientras, en casa seguían jugando a nacer. El juego es en sí mismo una terapia. Lograr que los niños jueguen es una psicoterapia universal, incluye el establecimiento de una actitud social positiva respecto al juego.

Podemos considerar los juegos como un intento de protegerse contra los aspectos aterradores de la experiencia, del hecho de experimentar (Winnicott, 1971).

Iván cada vez toleraba mejor las separaciones de su madre. Y también se iban reduciendo los enfados sin sentido aparente en los que arremetía contra ella. Además, permitía cada vez más que su padre participara en los cuidados, atenciones y en el ocio conjunto.

A lo largo de toda la intervención, no dejamos de insistir en la importancia de ser capaz, no solo de entonar afectivamente con Iván, sino de reparar aquellos episodios, inevitables, de desentonamiento (Fosha, 2002). Esta reparación es tan primordial o más que el entonamiento en sí mismo.

Ser capaz de reparar los estados emocionales disruptivos es fundamental. Y para ello los padres tienen que hacer el esfuerzo de salir de su mente individual e ir más allá y mentalizar los estados de su hijo. En nuestro caso, los papás de Iván tenían que intentar descubrir qué disparador había activado un determinado comportamiento en su hijo, del tipo, "salir corriendo y esconderse", por ejemplo. Qué experiencia, inaccesible a las palabras, había resonado en Iván activando respuestas de defensa, huida y/o congelación.

Era primordial que los padres aprendieran a darse cuenta de qué emociones activaban en ellos los estados y respuestas de Iván, y que, fueran estas las que fueran, no se sintieran culpables. No resulta fácil mantenerse junto a un niño que aparentemente te rechaza o no muestra afecto. Un niño así ha perdido la sonrisa refleja de los bebés para embelesar a sus padres. La interacción mutua entre el bebé y los padres alimenta la relación entre ellos y mantenerse en ese dar sin recibir es toda una proeza que puede remover nuestros cimientos y hacer aflorar todas nuestras carencias y defensas personales. La culpa solo debilita y marchita cualquier intento de reparación. El sistema de interconexión social se alimenta bidireccionalmente, y mantenerlo activo sin respuesta del otro requiere de una gran determinación y de un amor incondicional.

Prácticamente llevábamos un año de terapia con la familia de Iván. En estos meses habían logrado sentirse una familia de tres miembros. Entre

Iván y sus padres se evidenciaba un apego que ayudaba a sortear las dificultades.

Los padres de Iván participaban en nuestros grupos de mindfulness terapéutico para padres. En las sesiones de meditación grupal aprendieron a observar lo que se mueve fuera y lo que se mueve dentro de uno mismo. A mirar sin juzgar. A tomar conciencia de lo que ocurre en el espacio mental dentro y fuera, donde lo importante no es lo que sucede, sino volver al centro, a uno mismo, a la experiencia presente. La atención plena y el apego seguro comparten el estado de disponibilidad para la aceptación de cualquier cosa que surja, tanto en uno mismo, como en la relación con el otro. En nuestra experiencia, la práctica del mindfulness puede ayudar a la reparentalización de un apego seguro. Para los padres de Iván el mindfulness terapéutico fue un complemento importante en la intervención global del caso.

A lo largo de estos meses, los padres habían descubierto lo importante que era reparar sus propias historias de apego para no caer en la respuesta automática aprendida, en los sesgos con los cuales tendían a interpretar no solo las conductas de Iván, sino también la interrelación entre ellos y cualquier otra relación. Para el padre de Iván fue importante descubrir cómo aparecían emociones de abandono y baja estima que se manifestaban en forma de enfado y ataque directo a su compañera.

Las experiencias vinculares tempranas cristalizan en un comportamiento relacional implícito (Lyons-Ruth, 2000; Stern et al., 1998). Las representaciones procedimentales son representaciones respecto a cómo proceder, a cómo realizar acciones. Estas representaciones procedimentales no se codifican de forma simbólica, sino que constituyen patrones motores, sensoriales, emocionales y cognitivos respecto a algo, como por ejemplo la memoria implícita procedimental, no verbal, de cómo andar en bicicleta o nadar. Aún es más relevante el conocimiento temprano, la memoria implícita, sin palabras, que tenemos respecto a las relaciones con los otros. Es decir, la memoria implícita, no verbal, de cómo nos relacionamos con los demás. Gran parte de este bagaje de acciones, movimientos, sentimientos y pensamientos que conforman nuestro conocimiento relacional es también parte de esta memoria procedimental (Lyons-Ruth, 1998).

Inicialmente se consideró que el conocimiento implícito procedimental tenía únicamente un carácter sensorio-motriz, propio de las etapas más tempranas, y que se transformaba posteriormente en un conocimiento simbólico y verbal. Actualmente se considera que ese conocimiento procedimental va más allá de acciones motoras sensorio-motrices, y que abarca también los sentimientos, emociones y creencias asociados a esos primeros actos motores orgánicos. Este conocimiento implícito procedimental guía el foco atencional e infiere las intenciones del otro. En alguna medida, corresponde a una integración de las micro-interacciones recurrentes de la díada temprana (Tronick, 2003). Este conocimiento implícito es fundamentalmente inconsciente tanto en la infancia como en las etapas posteriores, estructurando y organizando las relaciones interpersonales que establecemos durante toda nuestra vida.

Los padres de Iván podían ver sus modelos de trabajo interno y también se daban cuenta de los sistemas de acción que se activaban en las relaciones, especialmente entre ellos y también con Iván. Además estaban dispuestos a conectar con esos estados infantiles y reparar esas heridas tempranas. Estaban decididos a reparentizar su apego.

Los padres eran capaces de interiorizar y mirar con ojos compasivos los estados conectados con sus experiencias infantiles y desde ahí, reparar la herida o lo que "no se dio". Iván, debido a su corta edad, no podía realizar este trabajo. No se le puede pedir esto a un niño. Los padres eran conscientes de que eran ellos los que tenían que cubrir las experiencias faltantes en Iván, bien cuando estas eran evocadas en el espacio terapéutico o bien en su convivencia diaria. Era primordial que los padres fueran capaces de cubrir y reparar las demandas pendientes de su hijo.

Estos padres emprendieron con entusiasmo y ahínco ambas reparentalizaciones; la suya propia y la de su hijo. Su objetivo era desarrollar cada uno de ellos un apego seguro para poder ofrecer ese modelo a Iván.

Han pasado casi 8 años, desde que vimos por primera vez a Iván y su familia.

¿Cómo se desarrolla el niño abandonado?

Recientemente realizamos una sesión con Iván. Sobre la mesa del despacho estaban los osos polares con los que contamos por primera vez su historia, en el espacio terapéutico. Los cogió, y mirándome a los ojos me dijo: *"no sabes lo importantes que son para mí, me salvaron la vida"*.

En estos años, hemos sido un recurso latente para ellos. La familia ha recurrido a nosotros en momentos críticos, momentos vitales de cambio o de afrontamiento.

Su historia ha sido contada, escuchada y mirada por los oídos y los ojos de Iván en sus diferentes etapas madurativas. Y en cada etapa, ha sido integrada de acuerdo a sus recursos madurativos del momento.

En esta última sesión nos expresa que ahora se da cuenta de que, por ejemplo, cuando falla en un juego, cuando sus compañeros se ríen de él en plan colegas, es como si el suelo se abriera y algo muy hondo le tragara. Ve cómo sus amigos son capaces de tolerar esas bromas mucho mejor que él. Me mira y me dice: *"sí, ya sé que se activa mi abandono y mi miedo al rechazo"*. ¿Alguna vez esto no se activará?

En realidad no tenemos una respuesta contundente para esa pregunta. ¿Somos capaces de modificar totalmente nuestros modelos internos de trabajo? ¿O quedan siempre pequeños atisbos de los mismos?

Esperamos que Iván pueda, a lo largo de su desarrollo y con las experiencias reemplazantes de apego que ha tenido, activar unos nuevos modelos de trabajo interno. Y que, si no llegaran a borrarse del todo los antiguos, tenga la capacidad de mirar los modelos viejos y orientarse conscientemente al presente, siendo capaz de contemplar y ver a su familia, a sus padres, y el afecto del que dispone.

En esa sesión abordábamos también el inicio de Secundaria. Iván era capaz de evocar recuerdos de valía y de éxito en el estudio y otros campos, a pesar de que el recorrido había sido duro y tortuoso, *"Siempre he contado con el apoyo de mis padres, me siguieron viendo igual cuando repetí. Creyeron en mí y buscaron una escuela que entendiera y comprendiera mis dificultades"*. *"Ahora sé que puedo estudiar, que soy un chico normal"*.

Los padres de Iván nos transmiten la satisfacción que sienten al ver a su hijo tal y como es. Ahora toca afrontar la adolescencia. Esperan que la dedicación, el trabajo realizado les ayude a todos a afrontar la tormenta cerebral de la adolescencia. Ellos saben que, traiga esta lo que traiga, ellos estarán ahí acompañando a su hijo.

La dedicación de estos años no solo ha cambiado la relación con Iván, les ha cambiado también y sobre todo a ellos.

Los modelos operativos se pueden modificar cuando el individuo es capaz de reinterpretar sus experiencias pasadas. Se considera que los MTI pueden ser cambiados a partir del desarrollo de la etapa de operaciones formales, en torno a los once años. En este estadio del desarrollo de la inteligencia, como señala Piaget, se alcanza la capacidad para elaborar y trabajar con hipótesis, supuestos que no están en la realidad concreta. El pensamiento deductivo permite sacar conclusiones de nuevas experiencias hipotéticas y no hipotéticas.

Los adultos tienen la habilidad y posibilidad de cambiar sus MTI mediante la reflexión acerca de los procesos emocionales y creencias que refuerzan el mantenimiento de dichos modelos. Haciendo esto, los individuos pueden obtener una nueva forma de entender o interpretar las experiencias pasadas (Main, 1991).

Además de este enfoque, más cognitivo, otra manera de abordar la transformación de los MTI es a través de las diversas terapias que propician un procesamiento ascendente, desde lo somato-sensorial a lo cognitivo. (EMDR, sensorio-motriz, mindfulness, etc). Estas intervenciones de abajo arriba (*bottom up*) facilitan que el adulto conecte con los estados del niño que se activan en el presente y con el patrón corporal, las sensaciones, emociones y creencias que acompañan a dichos estados. De esta manera, a través de esta toma de conciencia la persona puede llegar a aceptarlos y, en su caso, dentro de la relación terapéutica, o cualquier otra relación saludable, reparar la herida, o compensar la experiencia faltante. Un trauma relacional precisa para su reparación de experiencias relacionales saludables y contenedoras.

Dado que los MTI son el resultado de la activación automática de patrones del pasado (infancia), el abordaje terapéutico requiere de la orientación consciente y constante al momento presente. Cuanto mayor sea el trauma, más tiempo necesitaremos para el desarrollo de nuevos modelos representacionales. Y en ese camino, tendremos que transitar por las tres fases que propone Janet y que ya mencionamos en el capítulo anterior. Obviamente, en el proceso tendremos que tener en cuenta cada caso, adaptándonos al mismo y buscando vías de acceso. No siempre es posible ir directamente al cuerpo si este ha sido muy dañado.

Lo fundamental es que la terapia ayude a la persona a tener la percepción de ser comprendido, a tomar conciencia de que está compartiendo una experiencia en un contexto relacional de seguridad. Ayudar a compartir y comprender la mente de uno, del terapeuta y de los otros. En nuestro caso, acompañar a Iván en sus estados y ayudarle a comprender su mente, la de sus padres, sus amigos, etc.

Esta es la forma más innata y esencial de vinculación social entre dos personas más allá de la neurocepción básica. En este sentido, la terapia persigue que la persona perciba y tolere su experiencia relacional de una manera completa, tanto a nivel físico, como emocional o cognitivo tal y como está sucediendo ahora mismo, independientemente de que esta experiencia relacional sea gratificante o dolorosa. Ese era el gran reto de los padres de Iván, mantenerse a su lado, generando un espacio relacional de seguridad independientemente de lo que provocara la relación en Iván, miedo, terror, necesidad, dependencia, rechazo, etc.

A lo largo de estos capítulos hemos visto cómo una de las experiencias positivas más poderosas que podemos vivenciar es el sentirnos sentidos y comprendidos por alguien más que transciende mi experiencia, mi cuerpo y mis sentimientos.

Mírame, siénteme cristina cortés viniegra

Ejercicio: Retos de la crianza actual

- En esta ocasión me quiero dirigir a las familias adoptivas o acogedoras, no para proponerles ningún ejercicio pues su día a día está lleno de intentos de conexión y reconexión con sus hijos. Me gustaría añadir que las historias y las experiencias de los niños que han sufrido abandono son personales y diferentes en cada caso, que no todos ellos necesitan o precisan terapia pero sí que todos ellos requieren de unas figuras de apego que reparen su experiencia anterior.
- Sí me gustaría contar con vuestra atención, una vez más, para pediros que reflexionemos sobre las dificultades de la relación en nuestra sociedad.
- Por un lado, las familias están sometidas a un estrés enorme donde es difícil tener el tiempo y la energía suficiente para la dedicación que requieren nuestros hijos. No contamos con las políticas sociales adecuadas que faciliten esa dedicación. Ni se cubren las necesidades de las madres, ni tampoco la de los padres.
- Nuestros hijos terminan siendo atendidos por múltiples pantallas; TV, video juegos, máquinas varias y móviles, que lo último que fomentan es la interacción, la comunicación cerebro a cerebro con *feedback* corporal, con comunicación visual, cara a cara y con contacto emocional.
- La cuestión es si todo este ocio, este tipo de comunicación en el que están inmersos nuestros hijos, y nosotros mismos, acabará cambiando nuestro cerebro tal y como lo conocemos.
- Por otro lado quiero hacer una defensa del sentido común innato propio de toda mujer respecto a cómo cuidar, amar y relacionarnos con nuestros hijos. Así, me permito hacer mías las palabras de Winnicott:
- "*Lo más difícil cuando se preparan charlas o libros sobre el cuidado de los niños es encontrar el modo de no interferir en el comportamiento natural de las madres, brindándoles al mismo tiempo una información útil sobre los hallazgos de la investigación científica*" (Winnicott, D., 1969).

Referencias

Ainsworth, M.D. (1967). *Infancy in Uganda: Infant care and the growth of love.* Baltimore: Johns Hopkins University Press.

Ainsworth, M.D., Blehar, M., Waters, E. y Wall, S. (1979). *Patterns of attachment: Apsychological study of the Strange Situation.* Nueva York: Halsted Press.

Ainsworth M.D.S. (1979b). "Attachment as related to mother-infant interaction". *En* S. Rosenblatt, R.A., Hinde, C., Beer, & M. Busnel (Eds.), *Advances in the study of behaior* (Vot. 9). Nueva York: Academic Press.

Ainsworth, M.D.S., & Bell, S. M. (1969). "Some contemporary patterns in the feeding situation". En A. Ambrose (Ed.), *Stimulation in early infancy.* Londres: Academic Press.

Ainsworth, M.D.S., Blehar, M.C., Waters, E. & Wall, S. (1978). *Patterns of attachment: A psychological study of the strange situation.* Hillsdale, NJ: Erlbaum.

Aizpiri, J., (2015). *El 95% de las enfermedades actuales, incluidas las mentales, están producidas por factores medioambientales.* http://www.theecologist.net.

Alade, R. (1990). *Effect of delivery room routines on success of first breastfeed.* Lancet. PubMed.

Alberts, J.R. (1994). "Learning as adaptation of the infant". Acta paediatrica.

Aron, L. y Sommer, F. (1998). "Introduction: The body in drive and relational models". (Eds.), *Relational Perspectives on the Body.* Nueva Jersey: The Analytic Press.

Atzil, S., Hendler, T., Zagoory-Sharon, O., Winetraub, Y., Feldman R., (2012). "Synchrony and specificity in the maternal and the paternal brain: relations to oxytocin and vasopressin". *J Am Acad Child Adolesc Psychiatry.* PudMed.

Ayers, L., Galen Missig, Jay Schulkin y Jeffrey, B. Rosen1 (2011). "Oxytocin Reduces Background Anxiety in a Fear-Potentiated Startle Paradigm". *Peripheral vs Central Administration. Neuropsychopharmacology.*

Baita, S. (2011). "El contexto de intervención en abuso sexual infantil". Revibapst.com/data/documents/ARTICULO%20BAITA%202011.pdf

Bergman, N.J., Linley, L.L., Fawcus, S.R. (2004). "Randomized controlled trial of skin-to-skin contact from birth versus conventional incubator for physiological stabilization in 1,200 gram to 2,199 gram newborns". *Acta Paediatrica.* PubMed.

Blomberg, H., (2012). "Terapia de movimientos rítmicos, movimientos que curan". material@reflejosprimitivos.es.

Bystrova, K., Ivanova, V., Edhborg, M., Matthiesen, A.S., Ransjö-Arvidson, A.B., Mukhamedrakhimov, R., Uvnäs-Moberg, K., Widström, A.M. (2009). "Early contact versus separation: effects on mother-infant interaction one year later. Birth". *PudMed.*

Bowlby, J. (1969), *Attachment and loss, Vol. 1: Attachment.* Nueva York: Basic Books.

Bowlby, J. (1973). *Attachment and loss, Vol. 2: Separation.* Nueva York: Basic Books.

Bowlby, J. (1980). *Attachment and loss, Vol. 3: Loss, sadness and depression.* New York: Basic Books.

Bowlby, J. (1979). *The making and breaking of affectional bonds.* Londres: Tavistock.

Bowlby, J. (1988) *A Secure Base: Clinical applications of attachment theory.* Londres: Routledge.

Bowlby, J. (1997). *El vínculo afectivo.* Paidós.

Bowlby, J. (2003). *Vínculos afectivos: Formación, desarrollo y pérdida.* Morata.

Bremner, J., Southwick, S., Brett, E., Fontana, A., Rosinheck, R., Charney, D.: (1992). "Dissociation and posttraumatic stress disorder in Vietnam combat veterans", American Journal of Psychiatry.

Bretherton, I. (1985). "Attachment theory: Retrospect and prospect". En I. Bretherton y E. Waters (Eds.), *Growing points of attachment theory and research*. Monographs of the Society for Research in Child Development.

Bydlowsky, M. (2007). *La deuda de vida.* Biblioteca Nueva.

Brazelton, T. B., Koslowski, B., & Main, M. (1974). *"T*he origins ofreciprocity: The early mother-infant interaction". En M. Lewis & L. A. Rosenblum (Eds.), *The effect ofthe infant on its caregiver* (pp. 49-76). Nueva York: Wiley.

Buchheim, A., Erk, S, George, C., Kachele, H., Ruchsow, M., Spitzer, M., Kircher, T., Walter, H. (2006) "Measuring attachment representation in an FMRI environment: A pilot study". *Psychopathology.*

Buchheim, A., Heinrichs, M. Pokorny, G, Eva Koops, E., Henningsen, P., O'Connor,M. and Gundelg, H. (2009) *Oxytocin enhances the experience of attachment security. Psychoneuroendocrinology.* Published online

Campbell, A., (2010) "Oxytocin and human social behavior". *PubMed.*

Candace Pert (1999) *Molecules Of Emotion: Why You Feel the Way You Do.* Deepak Chopra.

Carter C S, Porges S W. 2013. *The biochemistry of love: an oxytocin hypothesis.* Published online, Science and Society.

Carter CS, (2014) *"*Oxytocin Pathways and the Evolution of Human Behavior*". PudMed.*

Carter, C.S, Altemus, M. (1997). "Integrative functions of lactational hormones in social behavior and stress management". *Ann N Y Acad Sci. PudMed.*

Canton, J., Cortes, R. (2000) *El apego del niño a sus cuidadores.* Alianza Editorial.

Carro, M., Grant, K., Gotlib, I. & Compas, B. (1993). "Postpartum depression and child development – an investigation of mothers and fathers as sources of risk and resilience". *Development and Psychopathology.*

Cohn, J., Matias, R., Tronick, E., Connell, D. & Lyons-Ruth, K. (1986). "Face to face interaction of depressed mother and their infants". *New Direction for Child and Adolescent Development.*

Cozolino, L. (2002). *The Neuroscience of Psychotherapy: Building and Rebuilding the Human Brain,* WW Norton & Company, Nueva York.

Coplan, J.D., Andrews, M.W., Rosenblum, L.A., Owens, M.J., Friedman, S., Gorman, J.M., & Nemeroff C. B. (1996). "Persistent elevations of cerebrospinal fluid concentrations of corticotropin-releasing factor in adult nonhuman primates exposed to early-life stressors: Implications for the pathophysiology of mood and anxiety disorders". *Neuorobiology. PubMed.*

Crepel, V., Aronov, D., Jorquera, I., Represa, A., Ben-Ari, Y., Cossart, R. (2007). "A parturition-associated nonsynaptic coherent activity pattern in the developing hippocampus". *Neuron* 54:105-20.

Cummings, E.M, Davies, P.T. "Effects of marital conflict on children: Recent advances and emerging themes in process-oriented research". *Journal of Child Psychology and Psychiatry.* 2002 Jan; 43(1):31-63.

Cyrulnik, B. (2005), en prensa.

Devine, P.G. (1989) "Stereotypes and prejudice: Their automatic and controlled components". *Journal of Personality and Social Psychology.*

Diamond, D. y Blatt, S. (1994). "Internal Working Models and the Representational world in Attachment and Psychoanalytic Theories". En M. Sperling & W. Berman (Eds.).

Diorio, F. y Meaney, J. (1999). "Nongenomic transmission across generations of maternal behaviour and stress responses in the rat". *Science.*

Dettwyler, K. (1995) *Breastfeeding: Biocultural Perspectives.* Editor, Patricia Stuart-Macadam.

Dietz, L., Jennings, K., Kelley, S. & Marshal, M. (2009). "Maternal depression, paternal psychopathology, and toddler's behavior problems". *Journal of Clinical Child and Adolescent Psychology*, 38(1), 48-61.

Ditzen, B., Schaer, M., Gabriel, B., Bodenmann, G., Ehlert, U., Heinrichs, M., (2009). "Intranasal oxytocin increases positive communication and reduces cortisol levels during couple conflict". *Biol. Psychiat. Psychoneuroendocrinology.*

Duna, J., Richards, M. (1997). "Observation on the developing relationship between mother and baby in the neonatal period". En: Scaefeer, H.R. (Ed.). *Studies in MotherInfant Interaction.* Nueva York: Academic Press. p. 427-55.

Eyal, A., Hendler, T., Shapira-Lichter, I., Kanat-Maymon, Y., Zagoory-Sharon, O., Feldman, R. (2010). "Father's brain is sensitive to childcare experiences". *Proc Natl Acad Sci U S A.* Published online.

Field, Tiffany; Healy, Brian T.; Goldstein, Sheri; Guthertz, Moshe (1990) "Behavior-state matching and synchrony in mother-infant interactions of non-depressed versus depressed dyads". *Developmental Psychology.*

Field, Y., Healy, B., Goldstein, S., Perru, S., Bendell, D., Schanberg, S., et al., (1988). "Infants of depressed mothers show depressed behavior even with non-depressed adults". *Child Development.*

Field, Y., (1984) "Early interaction between infants and their postpartum depressed mothers". *Infant Behaviour and Development.*

Gere, M., Hagen, K., Villabo, M., Arnberg, K., Neumer, S. & Torgensen, S. (2013). "Fathers' mental health as a protective factor in the relationship between maternal and child depressive symptoms". *Depression and Anxiety.*

Feldman, R. y Greenbaum, C. (1997). "Affect regulation and synchrony in mother-infant play as precursors to the development of symbolic competence". *Infant Mental Health Journal.*

Field, A., & Cottrell, D. (2011). "Eye movement desensitization and reprocessing as a therapeutic intervention for traumatized children and adolescents: a systematic review of the evidence for family therapists". *Journal of Family Therapy.*

Fonagy, P. (2001). *Teoría del apego y psicoanálisis.* Barcelona: Espaxs.

Fonagy, P.; Gergely, G.; Jurist, E.; Target, M. (2002). "Affect Regulation, Mentalization, and the Development of the Self". *Other Press.*

Fonagy, P. & Target, M. (2002). "Early intervention and the development of self-regulation". *Psychoanalytic Inquiry.*

Fonagy, P. (2004) *Teoría del apego y psicoanálisis.* Barcelona. Editorial Espaxs, S.A.

Fonagy, P., Bateman, A. (2007). "Mentalizing and borderline personality disorder". *Journal of Mental Health.*

Fonagy, P., Gergely, G., & Target, M. (2007b). "The parent-infant dyad and the construction of the subjective self". *Journal of Child Psychology and Psychiatry.*

Fosha, D. (2002). "True self, true other and core state: Toward a clinical theory of affective change process" [on-line]. *www.traumaresources.org/pdf/True_ Self.pdf.*

Gapen, M., van der Kolk, Bessel, A., Hamlin, E., Hirshberg, L., Suvak, M., Spinazzola, J. (2016) *A pilot study of Neurofeedback for Chronic PTSD.*

Gómez Papí, A. (1997) "Contacto piel con piel inmediato para recién nacidos a término". Mesa Redonda: *Tecnología avanzada al cuidado del recién nacido.*

Guerra, V. (2009). "Indicadores de intersubjetividad (0-2 años) en el desarrollo de la autonomía del bebé. Aportes para la elaboración de propuestas de políticas educativas. Primera infancia: La etapa educativa de mayor relevancia". *http://www.oei.es/pdf2/aportes_aducacion_primera_infanciauruguay.pdf.*

Gunnar, M.R., Brodersen, L. (1992). "Infant stress reactions to brief maternal separations in human and non-human primates". In: Field, T.M., McCabe, P.M., Schneiderman, N., (Eds.). *Stress and coping in infancy and childhood.* Hillsdale, NJ: Erlbaum; pp. 1118.

Gunnar, M.R. y Donzella, B., (2002). "Social regulation of the cortisol levels in early human development". *Psychoneuroendocrinology. PudMed.*

Gunnar, M. (1992b). "Reactivity of the hypothalamic pituitary adrenocortical system to stressors in normal infants and children". Pediatrics.

Gribble, K. (2015). © Australian Breastfeeding Association Reviewed November 2015.

Heinrichs, M., Domes, G. (2008). "Neuropeptides and social behavior: Effects of oxytocin and vasopressin in humans". *Prog Brain Res.*

Hennighausen, K., Lyons-Ruth, K. (2007). "Desorganización de las estrategias de apego en la infancia y la niñez". *Rev., Enciclopedia sobre desarrollo de la primera infancia.*

Hertsgaard, L., Gunnar, M., Erickson, M.F., Nachmias, M. (1995). "Adrenocortical responses to the strange situation in infants with disorganized/disoriented attachment relationships". *Child Development.*

Hesse, E. & Main, M. (2001). "Disorganized infant, child, and adult attachment: Collapse in behavioral and attentional strategies". *Journal of the American psychoanalytic Association.*

Huang-Storms, L., Bodenhamer-Davis, E., Davis, R., Dunn, J., (2008*).* "QEEG-Guided Neurofeedback for Children with Histories of Abuse and Neglect: Neurodevelopmental Rationale and Pilot Study". *Journal of Neurotherapy 10(4):3-16. January 2006*

Hughes, D.A. (2006). "Building the bonds of attachment: Awakening love in deeply troubled children". *Paperback.*

Iacobini, Marco. (2009). *Las neuronas espejo.* Buenos Aires. Katz.

Jacoby, M. (1985). *Individuation and Narcissism: The Psychology of the Self in Jung and Kohut.* Londres: Brunner-Routledge.

Janet, P. (1919/25). *Psychological healing.* Nueva York: Macmillan.

Jung, C.G. (1907). *Psicología de la demencia precoz.* Barcelona: Paidós.

Kaslow, F. y L. Maxfield (2011), *In F Shapiro Handbook of EMDR and family therapy processes* (pp. 146-166). Nueva York: Guildford Press.

Kraemer, G. (1992) "A psychobiological theory of attachment". *Behavioral and Brain Sciences.*

Kobak, R.R., Cole, H.E., Ferenz-Gillies, R., Fleming, W.S., Gamble, W. (1993) *Attachment and emotion regulation during mother-teen problem-solving: A control theory analysis.* Child Development.

Kohut, H. (1971). "The analysis of the self. New York: International Universities Press". Kohut, H. (1977). *The restoration of the self.* Nueva York: International Universities Press.

Kohut, H. (1977). *La restauración del sí-mismo.* México: Paidós.

Kagan, J., Reznick, J.S., Clarke, C., Snidman, N. y García-Coll, C. (1984). "Behavioral inhibition to the unfamiliar". *Child Development.*

Kagan, J., Reznick, S.J. y Snidman, N. (1987). "The physiology and psychology of behavioral inhibition in children". *Child Dev. PubMed.*

Kagan, J., Snidman, N.C. (2004). *The long shadow of temperament.* Cambridge, Mass: Harvard University Press.

Kinsley, CH., Bardi, M., Karelina, K., Rima, B., Christon, L., Friedenberg, J., Griffin G. (2008). "Motherhood induces and maintains behavioral and neural plasticity across the lifespan in the rat". *Arch Sex Behav. PudMed.*

Kinsley, C.H., Meyer, E.A. (2010). "The construction of the maternal brain". *Behav Neurosci. PudMed.*

Kinsley, C.H., Madonia, L., Gifford, G.W., Tureski, K., Griffin, G.R., Lowry, C., Williams, J., et al., (1999). "Motherhood improves learning and memory: Neural activity in rats is enhanced by pregnancy and the demands of rearing offspring". *Nature, 402*, 137-138.

Kinsley, C.H., Meyer, E.A. (2009). "The Construction of the Maternal Brain: Theoretical Comment on Kim et al". *PudMed.*

Klaus, M., Kennell, J. (1976) "Skin to Skin Contact Hypothesis". *Alevelpsychologyrevision.* wordpress.com.

Klaus, M., Kennell, J. (1982). *Parent-Infant bonding.* St. Louis, Mo: Mosby.

Lagercrantz, H., Slotkin, T.A. (1986). "The 'stress' of being born". *Sci Am. PudMed.*

Lattimore, K.A., Donn, S.M., Kaciroti, N., Kemper, A.R., Neal, C.R., Vazquez, D.M. (2005). "Selective serotonin reuptake inhibitor (SSRI) use during pregnancy and effects on the fetus and newborn. A meta-analysis". *Journal of Perinatology.*

Lyons-Ruth, K., Yellin, C., Melnick, S., Atwood, G. (2005). "Expanding the concept of unresolved mental states: Hostile/hepless states of mind on the Adult Attachment Interview are associated with disrupted mother-infant communication and infant disorganization". *Development and Psychopathology.*

Lyons, R. (2007). *Desorganización de las estrategias de apego en la infancia y la niñez.* Ed. rev. *Enciclopedia sobre desarrollo primera infancia.*

Lyons-Ruth, K. (1998). "Implicit relational knowing: Its role in development and psychoanalytic treatment". *Infant Mental Health Journal.*

Lyons-Ruth, K., Bronfman, E., Parsons, E. (1999). "Atypical attachment in infancy and early childhood among children at developmental risk. IV. Maternal frightened, frightening, or atypical behaviour and disorganized infant attachment patterns". *Monographs of the Society for Researchin Child Development.*

Lyons-Ruth, K., Jacobovitz, D. (1999). "Attachments disorganization: unresolved loss, relational violence and lapses in behavioral and attentional strategies". En J. Cassidy y P. R. Shaver (Ed.), *Handbook of Attachment Theory and Research*, Nueva York: Guilford.

Lyons-Ruth, K. (2000). "I sense that you sense that I sense...": Sander´s recognition process and the specificity of relational moves in the psychotherapeutic setting". *Infant Mental Health Journal.*

Lyons-Ruth, Karlen, (2003). *"Dissociation and parent-infant dialogue: A longitudinal perspective from attachment research".* (La disociación y el diálogo infanto-parental: una perspectiva longitudinal a partir de la investigación sobre el apego). Rev aperturas psicoanalíticas.

Lyons-Ruth, K., Lissa Dutra, Ed., Schuder, M.R., Ilaria Bianchi (2006). "From Infant Attachment Disorganization to Adult Dissociation: Relational Adaptations or Traumatic Experiences?" *Psychiatric Clinics of North America*, Volume 29. Elsevier.

Lecannelier, F. (2006). *Apego e intersubjetividad. La influencia de los vínculos tempranos en el desarrollo humano y la salud mental.* Chile: LOM.

Lok, S., McMahon, C. (2006). "Mother's thougts about their children.Links between mind-mindedness and emotional availability". *British Journal of Develoment Psychology.*

Lim, M. y Young, L. (2006). "Neuropeptidergic regulation of affiliative behavior and social bonding in animals. Translational Topics in Behavioral Neuroendocrinology". *Hormones and Behavior. Elservier.*

Liu, D., Diorio, J., Tannenbaum, B., Caldji, C., Francis, D., Freedman, A., Sharma, S., Pearson, D., Plotsky, P.M., Meaney, M.J. (1997), "Maternal care, hippocampal glucocorticoid receptors, and hypothalamic-pituitary-adrenal responses to stress". *Science*.

Nachmias, M., Gunnar, M., Mangelsdorf, S., Parritz, R.H., Buss, K. (1996). "Behavioral inhibition and stress reactivity: the moderating role of attachment security". *Child Development*.

Macdonald, K., Macdonald, T.M. (2010). "The peptide that binds: A systematic review of oxytocin and its prosocial effects in humans". *Harvard Review of Psychiatry*, 18.

Main, M., Kaplan, N., Cassidy, J. (1985). "Security in infancy, childhood and adulthood. A move to the level of representation". En I. Bretherton & E. Waters (Eds.), *Growing Points of Attachment Theory and Research.* Monographs of the Society for Research in Child Development.

Main, M. & Solomon, J. (1990). "Procedures for identifying disorganized/disoriented infants during the Ainsworth Strange Situation". En M. Greenberg, D. Cicchetti & M. Cummings (Eds), *Attachment in the preschool years.* University of Chicago Press.

Main, M. (2000). *The Organized Categories of Infant, Child, and Adult Attachment: Flexible Vs. Inflexible Attention Under Attachment-Related Stress.* University of California at Berkeley.

Main, M. & Hesse, E. (1990). "Parents' Unresolved Traumatic Experiences are related to Infant Disorganized Attachment Status: Is frightened/frightening parental behavior the linking mechanism?". En M. Greenberg, D. Cicchetti & M. Cummings (Eds.), *Attachment in the Preschool Years.* University of Chicago Press.

Main, M., & Solomon, J. (1986). *Discovery of a new, insecure-disorganized/disoriented attachment pattern. Affective development in infancy.* Norwood, NJ: Ablex.

Main, M., & Solomon, J. (1990). "Procedures for identifying infants as disorganised/disoriented during the Ainsworth Strange Situation". En M. T. Greenberg, D. Cicchetti, & E. M. Cummings (Eds.), *Attachment in the preschool years.* University of Chicago Press.

Main, M., Weston, D.R. (1981). "The Quality of the Toddler's Relationship to Mother and to Father: Related to Conflict Behavior and the Readiness to

Establish New Relationships". *Child Development*, Vol. 52, No. 3 (Sep., 1981), pp. 932-940.

Main, M. (1991). "Metacognitive knowledge, metacognitive monitoring, and singular (coherent) vs. multiple (incoherent) models of attachment: findings and directions for future research". En C. Murray, J. Stevenson-Hinde & P. Marris (Eds.), *Attachment Across the Life Cycle*. Londres: Routledge.

Maroda, J.K. (1999). *Show Some Emotion. Completing the Cycle of Affective Communication.* The Analytic press.

Marrone M. (2001). *La teoría del apego. Un enfoque actual.* Psimática.

Meins, E., Fernyhough, C., Fradley, E., Tuckey, M. (2001). "Rethinking maternal sensitivity: Mothers' comments on infants' mental processes predict security of attachment at 12 months". *J. Child Psychological.* Psychiatrics.

Moss, E.; Cyr, C.y Dubois-Comtois, K. (2004). *Attachment at early school age and developmental risk: Examining family context and behavior problems of controlling-caregiving, controllingpunitive, and behaviorally disorganized children.* Development and Psychopathology.

Moses, M. D. (2007). "Enhancing attachments:Conjoint couple therapy". En F. Shapiro, (2011). *Handbook of EMDR and Family Therapy Processes.* Nueva York: Guildford Press.

Meltzoff & Moore, (1994). "Imitation, memory, and the representation of persons", *Infant Behavior and Development.*

Meltzoff, A.N., Moore, M.K. (1997). "Explain-ing facial imitation: A theoretical model". *Early Development and Parenting.*

Milton, K. (2012). *Nivel II formación en psicoterapia sensoriomotor,* Barcelona.

Miller, K., Stiff, J. y Ellis, B. (1988). *Communication and empathy as precursors to burnout among human service workers.* Communication Monographs.

Newton, N. (2010). *El niño adoptado: Comprender la herida primaria.* Albesa.

Odent, M. (2001). *La cientificación del amor.* Edit. Creavida. Buenos Aires.

Odent, M. (2002). *El nacimiento y los orígenes de la violencia.* Publicado en la Revista Ostare nº 7.

Odent, M. (2005). *Nacimiento renacido.* Creavida.

Odent, M. (2007). *La vida fetal, el nacimiento y el futuro de la humanidad.* OB STARE.

Odent, M. (2008). *Las necesidades de la madre y el bebé: por qué el parto influye después en la capacidad de amar.* Prensa, europa press, Santander.

Odent, M. (2009). *El bebé es un mamifero.* OB STARE.

Odent, M. (2009b). "Las funciones de los orgasmos: Vía rápida Hacia la trascendencia". OB STARE.

Odent, M. 2015, en prensa, el Mundo.

Oliva. A. (2004). "Estado actual de la teoría de apego. *Current state of The Attachment theory". Revista de Psiquiatría y Psicología del Niño y del Adolescente.*

Olza, I., Marín, A., Gil, A., (2012). *Neurobiología del parto, maternidad y salud ciencia, conciencia y experiencia. Informes, estudios e investigación,* Ministerio de Sanidad, Servicios Sociales e Igualdad.

O'Connor, T.G., Rutter, M., Beckett, C., Keaveney, L. y Kreppner, J.M. (2000). *The effects of global severe privation on cognitive competence: Extension and longitudinal follow-up.* Child Development.http://dx.doi.org/10.1111/1467-8624.00151.

Pampa Sarkar, Obstretricia y Ginecóloga británica, http://www.womenshealth-careltd.com.

Perlmutter, D. y Loberg, K. (2015). *Alimenta tu cerebro.* Vintage español.

Papousek, H., Papousek, M. (1995). "Intuitive parenting". En M.H. Bornstein (Ed.), *Handbook of parenting: Vol. II. Ecology and biology of parenting.* Erlbaum, Hillsdale, NJ.

Perry B. (1999). *Memories of Fear.* The Child Trauma Academy. www.ChildTrauma.org.

Perry, B. (2013). *Bonding and Attachment in Maltreated Children Consequences of Emotional Neglect in Childhood.* The Child Trauma Academy, www.ChildTrauma.org.

Perry, B. (2014). *Vinculación emocional y apego en niños maltratados. Consecuencias de la negligencia emocional en la infancia. Adaptado en parte de: "Los niños maltratados: Experiencia, el desarrollo cerebral y la nueva generación"* (WWNorton & Company, Nueva York, en preparación). Academy www.ChildTrauma.org.

Pilyoung, K., Feldman, R., Mayer, L., Eicher, V., Thompson, N., Leckman, J., Swain, J. (2011). "Breastfeeding, brain activation to own infant cry, and maternal sensitivity". *Journal of Child Psychology and Psychiatry.*

Porges, S., (2011). *The Polyvagal Theory: Neurophysiological Foundations of Emotions, Attachment, Communication, and Self-Regulation.* Nueva York: W.W Norton&Company.

Porges, S. (2003). *Social Engagement and attachment a phylogenetic perspective,* department of psychiatry, University Chicago, Illionois.

Potter, A.E., Davidson, M., & Wesselmann, D. (in press). Utilizing dialectical behavior therapy and eye movement desensitization and reprocessing as phase-based trauma treatment: a case study series.

Porter, R.H. (2004). "The biological significance of skin-to-skin contact and maternal odours". *Acta Paediatrica* 93: 1560-1562.

Puckering, C. (1989). "Maternal Depression". *Journal of Child Psychology and Psychiatry.*

Righard, L., Alade, M., (1990). "Effect of delivery room routines on success of first breast-feed". Lancet 1990; 336:1105-1107. PudMed.

Riera, R. (2002). "Introducción a la psicología del self". En H. Kohut, *Los dos análisis del Sr. Z* (pp. 91-126). Barcelona: Herder.

Rizzolatti, G. y Gallese, V. (1998). "Mirror neurons". *Encyclopedia of Cognitive Science.*

Rosenblatt, J.S. (1994). "Psychobiology of maternal behavior: contribution to the clinical understanding of maternal behavior among humans". *Acta Paediatrica.*

Rozenel, Valeria (2006). "Los modelos operativos internos (IWN) dentro de la teoría del apego". *Aperturas psicoanalíticas: Revista de psicoanálisis*, ISSN-e 1699-4825, Nº. 23, 2006.

Sassenfeld, A. (2011). "Afecto, vínculo y desarrollo del Self". *Clínica e Investigación Relacional*, 5 (2): 261-294. [ISSN 1988-2939].

Shapiro, F., Solomon, R. (2007). *EMDR and the Adaptive Information Processing Model Potential Mechanisms of Change* Roger M. Solomon Critical Incident Recovery Resources, Williamsville, NY Francine Shapiro Mental Research Institute.

Siegel, D. (2007). *La mente en desarrollo: Cómo interactúan las relaciones y el cerebro para modelar nuestro ser.* Desclée De Brouwer.

Siegel, D. (2011) *Mindsight.* Paidos.

Siegel, D. y Paynece, T. (2007) *El cerebro del niño.* Ediciones Alba.

Spieker, S.J., Booth, C.L. (1988). "Maternal antecedents of attachment quality". In Belsky, J., Nezworski, T. (Eds.), *Clinical implications of attachment Hillsdale*, NJ: Erlbaum.

Shonkoff, J.P., Garner, A.S. (2012). "The Committee on Psychosocial Aspects of Child and Family Health, Committee on Early Childhood, Adoption, and Dependent Care, and Section on Developmental and Behavioral Pediatrics". *The lifelong effects of early childhood adversity and toxic stress.* Pediatrics, 129.

Spangler, G., Grossmann, K.E. (1993). "Biobehavioral Organization in Securely and Insecurely Attached Infants". *Child Dev. PudMed.*

Shore, A (2003). *Affect Regulation and the Repair of the Self.* W.W. Norton.

Schore, A. N. (2001), "Effects of a secure attachment relationship on right brain development, affect regulation, and infant mental health". *Infant Ment. Health J.,* 22: 7–66. | doi:10.1002/1097-0355(200101/04)22:1<7::AID-IMHJ2>3.0.CO;2-N

Schore, A.N. (2002). "Advances in neuropsychoanalysis, attachment theory, and trauma research: Implications for self psychology". *Psychoanalytic Inquiry*, 22, 433-484.

Schore, A.N. (2003b). *Affect dysregulation and disorders of the self.* Nueva York: W. W. Norton.

Shore, A.N. (2010), REVISIÓN *El trauma relacional y el cerebro derecho en desarrollo: interfaz entre psicología psicoanalítica del self y neurociencias.*

Sjödin, C. (1998). *Affects. Modulation and transformation.* International Forum of Psychoanalysis.

Spieker, S.J., Booth, C.L. (1988). "Maternal antecedents of attachment quality". Enn J. Belsky & T. Nezworski (Eds.), *Clinical implications of attachment* (pp. 95-135). Hillsdale, NJ: Erlbaum.

Spangler, G., Grossmann, K.E. (1993). "Biobehavioral organization in securely and insecurely attached infants".*Child Development.*

Steele, K. (2015). *Concepto y tratamiento de los trastornos traumáticos complejos del desarrollo.* Universidad de Salamanca.

Stern, D. (1985). *El mundo interpersonal del infante: Una perspectiva desde el psicoanálisis y la psicología evolutiva.* Paidós.

Stern, D. (1995). *La constelación maternal: La psicoterapia en las relaciones entre padres e hijos* (1997 ed.). Barcelona: Paidós.

Stern, D., (2011). *Diario de un bebé,* 4ª ed. Paidós.

Stern, D., Sander, L., Nahum, J., Harrison, A., Lyons-Ruth, K., Morgan, A., Bruschweiler-Stern, N., Tronick, E. (1998). "Non-interpretive mechanisms in psychoanalytic therapy: The "something more" than interpretation". *International Journal of Psychoanalysis.*

Stolorow, R., Brandchaft, B., Atwood, G. (1987). *Psychoanalytische Behandlung:* Frankfurt am Main: Fischer.

Stoop R. 2012. *Neuromodulation by oxytocin and vasopressin.* Neuron 76.

Spangler, G., Grossmann, K. (1999). "Individual and physiological correlates of attachment disorganization in infancy". En: Solomon, J., George, C., (Eds.) *Attachment disorganization.* Nueva York. Guilford Press.

Sroufe, L.A., Carlson, E., Levy, K., Egeland, B. (1999). "Implications of Attachment Theory for Developmental Psychopathology". *Development and Psychopathology.*

Taylor, R.J. (2002). "Family unification with reactive attachment disorder: a brief treatment". *Contemporary Family therapy: An International Journal.*

Theodoridou, A., Ian, S., Penton-Voak,I., Rowe, A, (2014). "A Direct Examination of the Effect of Intranasal Administration of Oxytocin on Approach-Avoidance Motor Responses to Emotional Stimuli". *Behav Brain Sci.*

Thompson, R.A. (1994). "Emotion regulation: A theme in search of a definition". *Monographs of the Society for Research in Child Development.*

Trevarthen, C. & Aitken, K. (2001). "Infant intersubjectivity: Research, theory, and clinical applications". *Journal of Child Psychology and Psychiatry.*

Tronick, E. (1998). "Non-interpretive mechanisms in psychoanalytic therapy: The "something more" than interpretation". *International Journal of Psychoanalysis.*

Tronick, E. (2003). "Of course all relationships are unique: How co-creative processes generate unique mother-infant and patient-therapist relationships and change other relationships". *Psychoanalytic Inquiry.*

Tronick, E. (1989). "Emotions and Emotional Communication in Infants University of Massachusetts, Amherst". *American Psychologist.*

Van der Kolk, Roth, Pelcovitz, Sunday & Spinazzola, *(2005)* "Disorders of Extreme Stress*:* DESNOS". *J Trauma Stress.* PubMed.

Van der Hart, O., Nijenhuis, E.R.S., & Steele, K. (2006). *The haunted self: Structural dissociation and the treatment of chronic traumatization.* Nueva York: W. W. Norton.

Varendi, H., Porter, R.H., Winberg, J. (1996) "Attractiveness of amniotic fluid odor: Evidence of prenatal olfactory learning?". *Acta Paediatr. PubMed.*

Verny, T. y Kelly, J. (1988). *La vida secreta del niño antes de nacer.* Urano.

Verny, T. y Weintraub, (2011). *El vínculo afectivo con el niño que va a nacer. Un programa de nueve meses para tranquilizar, estimular y comunicarse con su bebé.* Urano.

Wadhwa, P.D., Porto, M., Garite, T.J., Chicz-DeMet, A., Sandman, C.A. (1998). *Maternal corticotropin-releasing hormone levels in the early third trimester predict length of gestation in human pregnancy.* PubMed.

Weaver, I., & Meaney, M. (2000), *Mothering affects gene expression. Paper presented at the annual meeting of the Society for Neuroscience,* Nueva Orleans.

Weinfield, N., Sroufe, L.A., Egeland, B., Carlson, E. (1999). "The Nature of Individual Differences in Infant-Caregiver Attachment". Enn J. Cassidy & P. Shaver (Eds.), *Handbook of Attachment: Theory, Research and Clinical Application.* Nueva York: Guilford.

Wesselmann, D. (in press). "Healing trauma and creating secure attachments through EMDR". En Solomon, M., & Siegel, D.S. (Eds.). *Healing moments in psychotherapy: Mindful awareness, neural integration, and therapeutic presence.* Nueva York: Norton.

Wesselmann, D., & Shapiro, F. (in press). "EMDR and the treatment of complex trauma in children and adolescents". En Ford, J., Courtois, C. (Eds.). *Treating complex traumatic stress disorders in children and adolescents.* Nueva York: Guilford Press.

Wesselmann, D., Davidsonb, M., Armstronga, S., Schweitzera, C. Brucknera, D., A.E. Pottera (2012). *EMDR as a treatment for improving attachment status in adults and children L'EMDR: un traitement possible pour améliorer la relation d'attachement chez les adultes et les enfants.* Elsevier.

Winberg, J. (2005). "Mother and newborn baby: mutual regulation of physiology and behavior-a selective review". *Dev Psychobiol. PudMed.*

Winnicott, D., (1996). "El comienzo del individuo", publicado en: *Los bebés y sus madres* (2010). Paidos.

Winnicott, D. (1968). "La lactancia natural como una forma de comunicación". Publicado en: *Los bebés y sus madres*, (2010). Paidos.

Winnicott, D. (1968). "Saber y aprender". Publicado en: *Los bebés y sus madres.* (2010). Paidos.

Winnicott, D. (1958). "La capacidad para estar a solas". https://psicanalise-download.files.wordpress.com.

Winnicott, D. (1960). "La teoría de la relación paterna filial". En D.W. Winnicott, ediciones. *El proceso de maduración en el niño.* Barcelona Laia.

Winnicott, D. (1962). *La integración del yo en el desarrollo del niño.* Biblioteca winnicott.

Winnicott, D. (1963). "De la dependencia a la independencia en el desarrollo del individuo". *http://www.psicoanalisis.org/winnicott/confdesa.htm.*

Winnicott, D. (1968). "Comunicación del bebé con la madre y de la madre con el bebé: comparación y contraste", editado en el libro *Los bebés y sus madres 2010.* Paidós.

Winnicott, D. (1964). "El recién nacido y su madre", artículo publicado en: *Los bebés y sus madres*, 2015. Paidós.

Winnicott, (1971). *Realidad y juego.* Gedisa editoria.

Yehuda, R. (2000). "Biology of Posttraumatic Stress Disorder". *Journal of Clinical Psychiatry.* 61 (7): 14-21.

Young, L. y Wang, Z. (2004). "The neurobiology of pair bonding". *Nature Neuroscience.* Published online.

Zeanah, C.H., Keener, M.A., Anders, T.F. (1986). "Developing perceptions of temperament and their relation to mother and infant behavior". *J Child Psychol Psychiatry. PudMed.*

Ziabreva, I., Poeggel, G., Schnabel, R., Braun, K. (2003). "Separation-induced receptor changes in the Hippocampus and Amygdala of Octodon degus: Influence of Maternal Vocalizations". *The Journal of Neuroscience.*

Vincúlate
Relaciones reparadoras del vínculo en los niños adoptados y acogidos
2ª edición
José Luis Gonzalo Marrodán

ISBN: 978-84-330-2790-0

Existen muchos libros que exponen la teoría del apego como uno de los marcos conceptuales más completos a la hora de explicar el desarrollo humano pero, a juicio del autor, son pocos los que se plantean acercar estos conocimientos a las familias adoptivas y acogedoras, que con frecuencia tienen hijos y niños con apegos disfuncionales y, en ocasiones, con trastorno del apego. Vincúlate ofrece a los profesionales que trabajan en la protección de la infancia –y a los maestros– una inestimable ayuda en cuanto a tipologías del apego, instrumentos de evaluación y cómo relacionarse con los menores adoptados y acogidos, una población que suele presentar necesidades piscoeducativas específicas.

¿Cómo puedo salir de aquí?

Cristina Cortés Viniegra
Ilustradoras:
Zuzene Seminario
Daiana Etxeberria Santa Cruz

ISBN: 978-84-330-2976-8

¿Cómo puedo Salir de aquí? quiere llegar a los niños, pero también a las familias, psicoterapeutas y educadores que en ocasiones no encuentran cómo transmitir a un niño o niña que se puede salir del sufrimiento, incluso que hay formas que te ayudan a ello sin tener que contar lo ocurrido, cuando esto resulta muy difícil o extremadamente doloroso. Explica cómo funciona la terapia EMDR de una forma visual y accesible. Además, en el apartado del Jardín Emocional, plantea la importancia de la conexión y del reconocimiento de las emociones, así como el papel imprescindible de los padres en este proceso.

Los Abracadabrantes de Bojiganga y las emociones desbordadas

Mª José Lamas, María Seo

ISBN: 978-84-330-3008-5

Los Abracadabrantes, unos peculiares personajes que habitan el Bojiganga, han preparado un extraordinario espectáculo con el que quieren mejorar la vida de las personas.

Pero una inesperada visita hará que nuestros amigos reciban una valiosa lección sobre las emociones que les hará replantearse sus intenciones.

¿Y tú, trabajas en el equilibrio de tus emociones?

Cuéntame cuando sí anidé en una tripa y sí nací

Cristina Cortés Viniera
Lorea Larraya - June García

ISBN: 978-84-330-3096-2

Cuéntame cuando sí anidé en una tripa y sí nací busca, mediante el lenguaje metafórico y las ilustraciones con fondo y trasfondo marino, trasladarnos al inmenso y profundo azul obscuro de las emociones, sobre todo a ese paraje emocional donde se esconden, se arrinconan, necesidades y emociones básicas no cubiertas de afecto, calor, sosiego y seguridad. Es decir, ese alimento afectivo que todos necesitamos como bebés y como niños cuando comenzamos a asomarnos al mundo.

Hemos intentado hacer explícita la sensación implícita de desconexión que vivimos cuando no se han cubierto los afectos básicos de amor y vinculación desde el nacimiento, o se han perdido en la infancia o adolescencia temprana, tal y como sucede en situaciones de abandono, adopción, renuncia, acogimiento, orfandad, etcétera.

Desde lo simbólico, muestra cómo cuando los cuidadores del presente (padres adoptivos, familias de acogida...) descubren esos estados carentes infantiles, se propicia la conexión o reconexión. Ser descubiertos por el exterior y por uno mismo facilita salir a la superficie e interesarse por la vida y por los demás.

Sal de tu mente, entra en tu vida
La nueva Terapia de Aceptación y Compromiso

Steven C. Hayes

ISBN: 978-84-330-2643-9

La Terapia de Aceptación y Compromiso (ACT), una nueva modalidad de psicoterapia respaldada científicamente y que forma parte de lo que ha dado en llamarse la tercera generación de terapia conductual y cognitiva. Esta investigación sugiere que muchas de las técnicas que utilizamos para solucionar nuestros problemas, en realidad, nos tienden trampas que aumentan nuestro sufrimiento. La mente humana, esa maravillosa herramienta de control del entorno, acaba por convertirse en nuestro peor enemigo.

Sal de tu mente y entra en tu vida para adolescentes
Una guía para vivir una vida extraordinaria

Joseph V. Ciarrochi, Louise L. Hayes, Ann Bailey

ISBN: 978-84-330-2838-9

Los adolescentes se enfrentan a múltiples presiones y preocupaciones y son particularmente vulnerables a las consecuencias de las emociones y pensamientos negativos. En la escuela, en la familia o con los amigos, los adolescentes pueden experimentar un profundo nivel de estrés y a menudo carecen de las herramientas psicológicas para lidiar con él.

Los autores utilizan como base teórica la Terapia de Aceptación y Compromiso (ACT) y la adaptan a los adolescentes para enseñarles las habilidades que necesitan para vivir de un modo más sano y menos confuso:

AMAE
Directora: Loretta Cornejo Parolini

Construyendo puentes. La técnica de la caja de arena (sandtray), por J.L. Gonzalo (3ª ed.)

Educar sin castigar. Qué hacer cuando mi hijo se porta mal), por P. Guembe y C. Goñi (2ª ed.)

Como pienso soy. Tratamiento para niños con dificultades de atención e impulsividad, por verónica Beatriz Boneta Osorio

Habilidades en *counselling* y psicoterapia gestálticos, por Phil Joyce y Charlotte Sills

Acción tutorial y orientación: aceptación, compromiso, valores. Una propuesta de estilo para la intervención de tutores y orientadores, por Ramiro Álvarez

Elegir la vida. Historias de vida de familias acogedoras, por Pepa Horno Goicoechea

El niño divino y el héroe, por Claudio Naranjo (2ª ed.)

El gemelo solitario, por Peter Bourquin y Carmen Cortés (3ª ed.)

Mindfulness para profesores. Atención plena para escapar de la trampa del estrés, por Nina Mazzola y Beat Rusterholz (2ª ed.)

Educar amando desde el minuto cero. Ideas que pueden ayudar a los nuevos padres para educar mejor desde un principio, por Paloma López Cayhuela

Cómo ayudar a los niños a dormir: técnica del acompañamiento. Una nueva manera de enseñar a dormir sin sufrir, por Sonia Esquinas

Es que soy adolescente ... y nadie me comprende, por P. Guembe y C. Goñi (2ª ed.)

El nuevo ideal del amor en adolescentes digitales. El control obsesivo dentro y fuera del mundo digital, por Nora Rodríguez

Vincúla*te*. Relaciones reparadoras del vínculo en los niños adoptados y acogidos, por José Luis Gonzalo Marrodán (3ª ed.)

Érase una vez el perdón. Un itinerario hacia el perdón y la reconciliación en el counselling a través de los cuentos, por Ana García-Castellano García (2ª ed.)

Porque os quiero a los dos. Pedagogía sistémica para padres y profesionales de la educación, por Barbara Innecken

Adolescencia: mitos y enigmas, por Gerardo Castillo Ceballos

Sal de tu mente y entra en tu vida para adolescentes. Una guía para vivir una vida extraordinaria, por Joseph V. Ciarrochi, Louise Hayes, Ann Bailey (2ª ed.)

Trastornos de alimentación y autolesiones en la escuela. Estrategias de apoyo en el medio escolar, por Pooky Knightsmith

20 ideas básicas para ayudar a crecer a tus hijos. Cuaderno de notas, por C. Atkinson

Mírame, siénteme. Estrategias para la reparación del apego en niños mediante EMDR, por Cristina Cortés Viniegra (7ª ed.)

Educar entre dos, por Pilar Guembe y Carlos Goñi

Educando la alegría, por Pepa Horno Goicoechea (2ª ed.)

La armonía relacional. Aplicaciones de la caja de arena a la traumaterapia, por José Luis Gonzalo Marrodán y Rafael Benito Moraga (2ª ed.)

La magia está en tu interior. Meditación para niños, guía para padres, por Patricia Zubizarreta Canillas

Conversando con Erik. Una mirada gestáltica y relacional en la terapia y educación con niños y adolescentes, por Loretta Zaira Cornejo Parolini y Erik Baumann Cornejo

El convivenciario. Cuentos con valor, por Juan Lucas Onieva López

La danza de las emociones familiares. Terapia Emocional Sistémica aplicada con niños, niñas y adolescentes, por Mercedes Bermejo Boixareu (2ª ed.)

Adopción, trauma y juego. Manual para tratar a los niños adoptados y maltratados a través del juego, por Montse Lapastora y Noelia Mata (2ª ed.)

Técnica de Reparentalización con Muñecos. Juanita y el despertar del Niño resiliente que todos llevamos dentro, por Alicia Gadea

El eneagrama infantil. Amar su cambio, apoyar su proceso, comprender su carácter, por Luis Arribas de la Rubia (2ª ed.)

El juego de conocerse. Un método de desarrollo integral del niño, por Marcela Çaldumbide, Ainhoa Uribe, Sara Veneros

Cuentos con emoción, por Eugenio Maqueda Cuenca, Juan Lucas Onieva López

Cuentos para sanar y crecer felices. Autoestima y ansiedad, por María Azucena Villén

Musicoterapia. Abordaje de Salud mental infanto juvenil, por Miguel Ángel Diví

El daño que se hereda. Comprender y abordar la transmisión intergeneracional del trauma, por Carlos Pitillas Salvá (2ª ed.)

Poniendo alma al dolor. Intervención terapéutica con niños, niñas y adolescentes víctimas de abuso sexual infantil, Coord.: Pepa Horno Goicoechea; y Elena González Hernández - Carolina Moñino Bermejo - Carmen Ruiz Hernández

Psicología del bebé adoptado, Montse Lapastora

Última llamada en la frontera. Prevención de las conductas suicidas en adolescentes, Francisco Javier Díaz Calderón

La magia de los niños. Guía práctica para educar en la vida real, Gemma Díaz Ruiz

"Mamá, me he parado por dentro". Cómo cuidar el motor interior de tu hijo, Marina Escalona del Olmo

Hijos emperadores, padres que obedecen. Cómo manejar los límites en la crianza, Bernardo Ramallo

Infancia bien tratada, adolescencia bien encaminada, Leticia Garcés

AMAE
ILUSTRADA

¿Cómo puedo salir de aquí?, por Cristina Cortés Viniegra

Los Abracadabrantes de Bojiganga y las emociones desbordadas, por Mª José Lamas

Psicopatología infantil, por Georgia Ribes y Roberto Calvo

Mi familia me hace feliz, por Monse Lasconi

Mirándome con amor, por Noelia Mata, Montse Lapastora, Raquel Fariñas

Cuéntame cuando sí anidé en una tripa y sí nací, por Cristina Cortés Viniera, Lorea Larraya y June García

El invernadero semillero, Cristina Cortés Viniegra, Zuzene Seminario